明るい公務員講座

内閣官房参与
前復興庁事務次官
岡本全勝

はじめに

どこの職場でも、部下の悩みと上司の悩みは尽きません。「この仕事をどう片付けたらよいのだろう」とか「うちの上司は××で困る」とか。しかし、本人にとって「大事件」であっても、経験者から見ると、案外簡単なことで悩んでいる場合が多いのです。私たちは、「人類史上初の大事件」には、そうたびたびは出会いません。

昭和53（1978）年に公務員になって以来、私も皆さんと同じように、いろいろな悩みに直面しました。しかし、それを乗り越えることで、一つずつ学習しました。また上司として、部下がつまらないことで悩んでいるのを知りました。そしてある段階で気付きました、「な〜んだ、みんな同じようなことで悩んでいるんだ」と。

仕事の進め方のこつは、学校では教えてもらいませんが、職場で経験することによって身に付く技術です。それは、敬語と同じです。職場で使う敬語を、高校や大学の授業では教えてもらえません。外からかかってきた電話に答える際には、自分の上司には敬語を付けないとか。でも、社会人を数年やっていれば、身に付くものです。

同じように職場での仕事の技術も、経験していくうちに身に付きます。上司や先輩の仕事ぶりを見て、それを見習うでしょう。時には冷や汗をかき、時には失敗をして。しかし、大失敗して身に付けるより、先輩の失敗談を聞いて学習しておく方が、コストは少なくて済みます。

本屋にはたくさんの仕事術の本が並び、役所でも様々な研修が行われています。しかし、仕事の進め方のこつや、職場で悩んだ際の解決方法は、意外と教えてもらう機会がありません。これまでは、「先輩たちの仕事を見て覚えよ」ということでした。余りに基礎的なことなので、改めて教えるといったものではないと思われていました。ところが、若い職員たちはそれに悩んでいるのです。

水泳も見よう見まねで泳ぐことができるようになりますが、水泳教室に通った方が、苦労することなく泳ぎを覚えることができます。

「習うより慣れよ」ではなく、「習って慣れよ」です。

この本では、これまで活字にはならなかった、また教えてもらえなかった「仕事を楽に進める方法」をお教えします。

目次

第1章

楽しく仕事をしよう

明るくやろう

■明るさは最大の武器

職場で楽しく仕事をするこつ、そして出世するこつ。それは「明るさ」です。健康の次に必要なことは、一にも二にも明るさです。

次のような事例を、あなたの職場として考えてください。

同僚に、いつも気難しい顔をしているAさんと、いつもニコニコと話を聞いてくれるBさんがいます。あなたなら、どちらの人と一緒に仕事をしたいですか。周囲の同僚も、あなたを見て、同じことを考えています。「この件を、Cさんにも知らせておきたいけど、また難しそうな顔をしているから、やめておこう」と考えるか、「この件は、Cさんの参考になるかもしれないなあ。いつも相談に乗ってもらっているから、教えておいてやろう」と考えるか。

店員さんがニコニコしている店と、不機嫌そうにしている店とでは、あなたはどちらに入りますか。職場でも同じです。私たちは、課や係で、同僚や上司と一緒に仕事をしています。一人で研究室に閉じこもって、顕微鏡をのぞいているのではありません。同僚や上司との関係が暗いものでは、仕事は円滑に進みません。楽しく仕事ができるかどうかは、職場の人間関係で決まります。

自分自身の気持ちも、考えてみてください。一人で勉強しているときだって、「ああ、きょうもつらいなあ」と落ち込んだ気持ちで取り掛かるのと、「きょうも調子良いなあ」と元気よく取り掛かるのでは、勉強のはかどり具合も違うでしょう。何かうまくいかなかったときも、くよくよしていると次の仕事に手が着きません。こんなときこそ、気分を転換して明るくいきましょう。

あなたにとっても職場にとっても、明るさが、仕事を進める際の一番の武器です。ではどうすれば、明るく仕事をすることができるか。「私はどうも対人関係が苦手で」とか「そんな、いつも愛想よくできません」という人もおられるでしょう。でも、難しいことではありません。たった二つのことを心掛ければ、身に付きます。それは、あいさつと返事です。それを説明しましょう。

■あいさつの効用

まずは、あいさつです。毎朝、明るく仕事を始めるために、「おはようございます」とあいさつして部屋に入りましょう。この一言で、本人の仕事の意欲が高まり、周りの人たちも良い気分になります。

その前に自宅でも、家族に「おはよう」と声を掛けましょう。声を出すことで、あなたの気分が前向きになります。

「そんなことしなくても、気心が分かっている」「改めてあいさつするのは恥ずかしい」という人もいるでしょう。しかし「愛があれば言葉は要らない」なんていうのは、恋愛中だけです。「私は記念日ごとに高価なプレゼントをしているから大丈夫だ」という人もいるでしょうが、皆がそんなに金持ちではありません。それに引き換え、気持ちの込もった「一声」は、安くて効果があります。アメリカの家庭では、ことあるごとに「愛しているよ」と言う、あるいは言わなければならないそうですが、それは言いにくいという人でも、「おはよう」「ありがとう」なら言えるでしょう。

逆の場合を想像すれば、あいさつの効果を納得してもらえるでしょう。夫婦げんかをすると「口も利かない」状態になります。嫌な奴には「声を掛けない」となり、やくざがけんかする理由は「あいつは俺にアイサツがない」です。「男は黙って××」は、昭和時代の化石です。

職場も同じです。そんなに難しくありません。「おはようございます」「ありがとうございます」を繰り返しているうちに、条件反射のように言葉が出てくるようになりますよ。

■あいさつしたらほめられた

富山県庁に総務部長として赴任したときの話です。毎朝、公用車で出勤します。正門を通る際に車の窓を開けて守衛さんに「おはようございます」と声を掛け、玄関で車を降りたら守衛さんに「ありがとう」とあいさつするようにしました。すると、職員の間で「今度の総務部長は、守衛にもあいさつするそうだ」と、良い評判が広がったのです。それを報告してくれた職員がいたので、その後はトイレ掃除をしている民間の職員にも、「ありがとうございます」とあいさつするようになりました。これは、私が仕えた故・村田敬次郎自治大臣を見習ったのです。

しかし、私がそれまであいさつをしていなかっただけで、世間を見ると、皆さんよくあいさつしておられます。地位が上の人の方が、気さくに「ありがとう」と声を掛けておられるように思えます。キョーコさん（妻であり厳しい助言者）にこの話をしたら、「あんたが、今まで愛想が悪かったのよ」「もっと頭を下げなさいと教えたでしょ」と叱られました。そういえば、田舎の母も「人を見たら、『お世話になっています』と言うんやで」といつも言っていました。

私自身が、自分の愛想の悪さに気が付かなかったんですね。官僚は仕事さえできればいいんだと、高をくくっていました。ひょっとすると、富山県庁で「部長。あいさつしているということで、評判良いですよ」と報告してくれたUさんは、褒めるふりをして、私に「もっとあいさつしろ」と指導してくれたのかもしれません。Uさんに、感謝しなければなりません。

こうしてあいさつすることを覚えたのが39歳。お礼を言うことを覚えたのが49歳でした。「遅いわ」と笑われそうですが、反省してその後は、進んで「ありがとうございます」「お世話になっています」と言うようにしています。

■返事は「はい」と元気よく

明るく仕事をするための二つ目は、良い返事です。

最初に書いた通り、仕事を頼みやすいのは、気難しい顔をしているAさんより、ニコニコ引き受けてくれるBさんです。上司にとって「かわいい部下」は、何かを頼んだ場合、いろいろ文句を付けて「できません」と言うA職員より、「はい」と答えるB職員の方ですね。

東日本大震災の際、膨大な数に上った被災者を支援するため、急きょ政府に被災者生活支援特別対策本部がつくられました。私がその事務局の責任者に指名され、各省から職員を集めました。これまでにない仕事であり、何をすべきかすら分からない状態でした。さすが各省が選んでくれた精鋭です。彼らは、次々と出てくる課題を、嫌と言わず引き受けてくれました。すべてが処理できたわけではありませんが、まずは「はい。やってみましょう」と引き受けてくれたのです。

上司にとって、それがどれだけうれしいことか。それぞれの仕事の難しさは、指示を出した私が一番分かっています。そこで職員から「いや〜、これは、××とか△△の理由があって……」と言われたら、私が自分で処理するしかありません。復興庁でも、職員たちは、これまでにない課題に快く取り組んでくれます。

「はい」と「分かりました」という返事のほかに、茶目っ気たっぷりに「ガッテンです」とか「喜んで」と答える職員もいます。職場でこの返事が出ると、皆がクスクス笑い、場が和みます。

仕事を頼まれたら、喜んで引き受けましょう、「はい」と。

■出世の基本は笑顔

さて、明るさは、楽しく仕事をするためだけでなく、出世するコツです。

なぜか。答えは簡単です。先に、気持ちよく仕事を引き受けてくれる部下はかわいい、と述べました。仮に、Aさんの成果物がBさんより上質だと予測されても、少しの差なら、上司は文句を言わないBさんを指名するでしょう。Bさんが作った資料の出来が少々悪くても、「まあ引き受けてくれたんだから」と大目に見ますし、優しく修正の指導もできます。「色の白さは七難隠す」と言いますが、職場では、ニコニコ笑顔が七難を隠します。

コミュニケーションが成り立てば、上司も指導がしやすいのです。部下からも、質問しやすく意見も言いやすいです。後は好循環で、信頼は雪だるまが転がるように大きくなります。Bさんはますます課長に気に入られ、他方Aさんとはだんだん疎遠になります。課長がよほど人格者で、AさんとBさんとを対等に扱う人なら別ですが、たいがいの上司も「人の子」です。好き嫌いは出ます。

あなたが若手職員なら、いつもニコニコしていて、上司や同僚に気に入ってもらいましょう。すると、いろんなことを教えてもらえます。出世のこつは、みんなからかわいがられることです。

■笑顔が信頼をつくる

あなたは、良い仕事を早く仕上げることが、人事評価の基準だと思っていませんか。そして、仕事の成果で勝負しようと、考えていませんか。人事評価の手引きには、確かにそう書いてあります。

しかしそれは、真実の半分でしかありません。繰り返しになりますが、私たちは化学実験室にこもって、自然法則を発見しようとしているのではありません。一人でモノを相手にしているのではなく、扱っている対象は人であり、仕事はチームでやっています。仕事を進めるためにも、それを評価してもらうためにも、信頼関係が必要なのです。

あなたに仕事を指示し、それを評価するのは上司と同僚です。ノーベル賞選考委員会のような第三者的立場の人が、評価するのではありません。実力を発揮し評価してもらうためには、職場の上司や同僚との信頼関係が必要なのです。

そのために、上司にごまをすったり、高価な贈り物をする必要はありません。みんなから好かれる職員になることです。それは、あいさつと良い返事ができれば、誰でもなれるのです。あいさつと返事、これほど安くて簡単なことはありません。そして習慣となれば、いちいち考えなくても口から出てきます。

■明るい職場は仕事が進む

会話のある職場は、風通しが良いです。そして会話の第一歩は、あいさつです。

かつて転勤した直後に、なぜか気分がほぐれない職場がありました。職員の皆は優秀ですし、仕事も効率よく処理しています。しかしなぜか、なじめないのです。ある人に指摘されて、理由が分かりました。その職場は、あいさつが少ないのです。職員は出勤する時も黙って席につき、退庁する時もあいさつなしに帰っていきます。

そこで、私から「おはよう」と声を掛けることにしました。するとそのうちに、職員の方から、あいさつしてくれるようになりました。こうなれば、しめたものです。

明るい職場は、仕事でも良い成果が出ます。職場を明るくしてくれる職員は、上司にとってありがたいです。私の同僚に、こんな職員もいました。残業の多い職場です。彼は仕事が早く、皆が残っていても、さっさと先に帰ります。今なら当たり前のことですが、昔の職場では勇気が要りました。その際に、彼はまだ働いている上司と同僚に向かって、わざと大きな声で「仕事の遅い皆さん、ごきげんよう」とか「労働者諸君、良い週末を」と声を掛けて出て行きます。残った皆は、大笑い。自分も早く仕事を片付けて帰ろうという気になりました。

第1講の教訓

楽しく仕事をするこつ、出世するこつは明るさです。

ニコニコしていることで、周りから信頼を受け、仕事も進み評価も上がります。

人間関係の第一歩は、あいさつです。「おはようございます」「ありがとうございます」「お先に失礼します」と声を出しましょう。

仕事を頼まれたら「ハイ」と元気よく返事しましょう。

コラム

■幹事を引き受けよう

職場の懇親会。その準備を頼まれたら、喜んで引き受けましょう。

このような場合に、2種類の職員がいます。一人は、喜んで幹事を引き受け、場所を選んだり、案内状を作ったりと、世話を焼く人です。もう一人は、世話役は引き受けない、出欠もなかなか返事しない、ひどいときは直前に欠席します。これを「ドタキャン」（土壇場でキャンセル）と呼びます。幹事をやっていて、これが一番困るのですよね。お店に連絡しなければならないし。

懇親会の設営は、結構難しいのです。どのようなお店が良いか、料理はどの程度の金額にするか、席順を決め、誰に開会のあいさつをしてもらい、締めのあいさつをしてもらうかなど。経験を積むしかありません。

そしてこの能力は、将来いろんなところで生きてきます。良い勉強の機会です。どんなことでも、頼まれたら喜んで引き受けましょう。

一人で悩むな、抱えるな

今回は、仕事で悩んだときの対処方法をお教えしましょう。

■難しい仕事に当たったら

明るく仕事をしていても、難しい仕事が降ってくることがあります。ホイホイと引き受けていると、難しい仕事を頼まれることもあります。そのときに、どのようにして難題を片付け、楽しく仕事を続けることができるか。その秘訣をお教えしましょう。

仕事ができる職員ほど、一人で仕事を抱え、悶々と悩んでいる場合があります。これが昂じると、仕事がつらくなり、体調も悪くなります。さらには、職場に出勤するのが嫌になり……というふうに、本人にとっても職場にとっても、不幸なことになります。残念ながら、私もそのような職員を、何人か見てきました。信じてもらえないかもしれませんが、私も2度、出勤するのが嫌になったことがあります。

さて、仕事を抱え込んで深く悩まない方法は、「悩まないこと」です。「何をばかなことを言っているんだ。悩むから困っているのに」とおっしゃるでしょう。いえ、私は単に悩むなと言っているのではなく、「一人で悩むな」と言っているのです。

■一人で悩まない

あなたに与えられた仕事は、いつも簡単なものばかりではありません。新人の頃は、定型的な前例通りの仕事が多いでしょう。しかし、職位が上がっていくに従い、そんな仕事ばかりではなくなります。先輩が手取り足取り教えてくれることもなくなります。すると、仕事を進めつつ、こんな方向で良いのだろうかと、心配になることも出てきます。どう進めたらよいのか、見当もつかないことも起きるでしょう。机に向かっていても、風呂の中でも、良い考えが浮かびません。さてどうしたらよいか。

こういうときに、私は歩き回りました。うろうろしている、という意味ではありません。自分の考えた案に自信が持てないときや、どちらに進んでよいか分からないときは、じっと一人で悩まずに、上司や先輩に聞いて回ることにしていました。

その課題が上司から与えられた場合は、前任者や近くの先輩たちに助言をもらいに行きます。すぐにその上司に聞きに行くのは、少々恥ずかしいので。先輩たちに聞いても不安が残る、あるいは良い考えが出ないときは、もう仕方がありません。指示を出した本人に聞きに行きます。まだ生煮えで自信が持てない案を持って、「こんなふうに進めてみようと思うのですが、これでいいですか」と聞くのです。指示を出した上司は、たいがい何らかの案を持っているはずです。

その答えが、あなたの考えていた方向と同じだったら、安心できます。そのまま仕事を進めましょう。もしも違っていたら、直ちに上司の言に従って、方向転換しましょう。それ以上、あなたの案を進めたところで、上司が納得するとは思えません。もっとも、あなたがそれでも「私の案の方が正しい」と信じている場合は、ここで想定しているような「仕事に悩んでいる」とは別の悩みでしょう。

■相談に乗ってもらったら、安心した

さて、私が陥った「仕事恐怖症」について、その一つを紹介します。まだ駆け出しの頃、ある報告書をまとめていました。上司であるDさんに、私の原案を持って行くのですが、何度説明しても了解してもらえません。Dさんがその都度、赤鉛筆で不合格の箇所に線を引き、何が駄目なのかを話してくれます。その指摘はそれぞれごもっともで、私は自分の出来の悪さを感じて、自席に戻ります。そして再度修正して持って行きますが、また駄目が出ます。それを繰り返しているうちに、自信がなくなり、だんだん仕事が嫌になってきたのです。

ある日、別の課の先輩のEさんとFさんが、私を飲み屋に呼び出して、事情を聞いてくれました、「全勝君、最近元気がないそうやないか」と。私がこの事情を説明して、「Dさんの指摘は、なるほどと思うのですが、なぜかしら釈然としないのです。何度挑戦しても、ちっとも進まないのです」と尋ねました。Eさんが、「Dさんは、間違っていると指摘はするが、自分では代案を書かないだろう」と言ってくださいました。指摘の通りでした。それで、私は何となくほっとして、前に進むことができました。

その後、どのようにしてDさんに了解をもらったかは、覚えていません。EさんかFさんが、Dさんに「そろそろ通してやってください」と、口添えしてくださったのかもしれません。ただ、2人の先輩が私の悩みを聞いてくださったことで、私は安心できたのです。

そのとき得た教訓は、二つあります。

一つは、一人で悩まず、誰かに悩みを聞いてもらうこと。逆に、悩んでいる職員がいたら、EさんFさんのように、話を聞いてあげることです。

もう一つは、部下が持ってきた資料の出来が悪いときは、簡単な場合は訂正を指示すればよいのですが、場合によっては上司が書き換えて渡すことです。

■メンターを持とう

私は新規採用職員研修の場や新しく職場に来た職員には、「仕事でも仕事以外のことでも、悩んだら上司や同僚に相談しなさい」と指導しています。仕事での悩みを上司や先輩に聞くことの効果は、今書いた通りです。

そして、社会人の悩みの多くは、仕事以外のことも多いのです。それらを、学校では教えてくれません。毎日着ていく服装や宴会での立ち居振る舞い、自動車の買い方から借金の仕方まで。学校で教えてもらえない問題は、人生の先輩に聞くのが、手っ取り早い解決策です。

「こんなことを聞いてもいいのだろうか」「誰に相談したらよいのだろう」と、悩む場合もあるでしょう。実はそのこと自体が、最も不安なのです。このような悩みは、インターネットで検索しても、答えは見つかりません。新入職員に、それぞれ相談相手となる先輩を付けている職場もあります。メンターと呼ばれています。

仕事に悩んで、心身に不調を訴える人が増えているようです。私も、何人かそのような職員を見ました。多くの人は、真面目な性格で仕事に悩むようです。しかし、人付き合いが得意でない人が多かったように思います。周囲の人に「誰か、相談に乗っている人はいないの？」と聞くと、「そういえば、親しい友人はいないようです」という答えが返ってきます。一人で悩まず早い段階で相談してくれれば、こちらも力になれて、彼もそれ以上悩まなくても済んだでしょうに。

悩んだときの特効薬は誰かに相談することで、そのための常備薬は相談する友人や先輩を持つことです。あなたも、早くメンターを見つけましょう。

■山よりでっかい獅子は出ん

さて、あなたの抱えている課題が、上司の指示でなく、突発的な事故や問題だったらどうするか。そのときも同じです。私たちの仕事は、これまでにないことを発見するようなことではありません。国民や住民を相手にした問題です。しょせん人間がやることですから、たいがいは「前にも、よく似た例があったよなあ。あのときは……」となります。山よりでっかい獅子は出ないのです。

あなたにとっては初めての大問題でも、前例やよく似た事例は必ずあります。初めての海外旅行、結婚式などなど、本人にとっては緊張しますが、世間では毎日行われていることです。取り立てて珍しくありません。

もちろん、獅子も小さなものから大きなものまで、さまざまなものがいます。その大きさや珍しさで、参考にする事例が違ってきます。毎年あるようなことや数年に一度はあることなら、職場の先輩に聞けば、必ず参考になることを教えてくれるでしょう。その役場では経験したことのないようなことなら、他の自治体に聞きに行くか、分野は違っても何か参考になるものがないか、事例を探せばよいのです。その場合も一人で探すことなく、その分野を知っていそうな人に相談しましょう。

もちろん、これはしばらく考えても答えが出ないような問題だとか、この方向で間違っていないか悩んだときなどの対応方法です。前回の書類を調べたら分かるような問題なのに、何も考えず調べずに、上司や先輩に「どうしたらよいのでしょうか」と聞きに行けば、「お前少しは考えたのか」「何を調べたんだ」と嫌みを言われますよ。

第2講の教訓

仕事の進め方で悩んだときは、一人で抱えずに、誰かに相談しましょう。

悩んだときの特効薬は相談すること、常備薬は友人や先輩です。

私たちの仕事には、何か参考になる事例があります。それを探しましょう。あるいは、それを知っている人を探しましょう。

実は人間関係に悩んでいる

前回に続き、仕事で悩んだときの対処方法をお教えしましょう。

■中身の悩みと進め方の悩み

自分の考えている案に自信が持てない場合、あるいはどう進めてよいのか分からない場合。そこには、二つの悩みが含まれています。一つは案の中身です。どのような結論を書くのかです。もう一つは進め方です。ゴールにたどり着くまでに、いつまでに何をすればよいか、進め方すなわちその手順と段取りです。

大震災からの復興のために、被災者や被災企業への新しい支援策をつくる場合を考えましょう。これまでにない支援策ですから、前例通りとはいきません。どのような案が良いか、その内容を考えなければなりません。類例を探し、新しい案を組み立てます。これが「案の中身」です。

しかし、その案を考えるに当たっても、地元自治体や関係者の意見を聞く必要があります。机でいくら案を考えても、地元関係者の満足がなければ意味がありません。それ以前に、何が課題で何が求められているのかは、関係者に聞かなければ分かりません。次に、復興庁内や政府内の関係者の意向も、打診する必要があります。その場合も、案を持たずに意見を聞くのか、粗い案を作って意見を聞くのか、最終案を提示して意見を聞くのか、どの方法が良いのか、結構難しいのです。

私たちの仕事は、手順を踏んで、関係者の合意をつくる必要があります。これが「進め方」です。進め方には、復興庁内で案を固めていく手順と、関係者の合意を得る段取りとがあります。

これは典型例ですが、皆さんが抱える課題も、大なり小なりこのように、内容と進め方の二面があります。霞が関では、内容のことをサブスタンス、略してサブと呼び、進め方のことをロジスティック、略してロジと呼びます。

■関係者の納得しない正解はない

外部の関係者の反応を考えることなく案を考えるような仕事は、役所ではありません。案の公表までは「部外秘」で関係者に根回ししないとしても、組織内での合意取り付けと、公表した際の外部の反応を考えない仕事は、まずありません。

有能だけど残念な職員は、この手順と段取りを考えずに、内容を進化させることを考えます。しかし、それは無駄になることがあります。私たちの仕事は、世間をあっと驚かせるのが目的ではなく、関係者の多くが納得することで評価されます。あなたが「これが最善だ」と考えても、関係者が認めてくれないと意味がありません。ガリレオのように「それでも地球は回っている」というのは自然科学の世界であって、私たちの仕事では関係者の納得しない「客観的真理」はないのです。

内部での手順だったら、同意を取り付ける相手は、課長であり部長であり市長です。外部との段取りだったら、住民、議員、マスコミです。その人たちに、認めてもらわなければなりません。案の中身は、いわばキャッチボールをしながら進んでいきます。その過程で、案は修正されるのです。

■前例を調べて改良しよう

部下が早い段階で相談に来てくれると、上司も安心です。仕事の進捗状況が分かりますし、とんでもない方向に進んでいるなら、方向修正をすることができます。

私は、部下に対し「35%の出来で持ってきてくれ」と指示します。35%という数字に特に意味はないのですが、「5割未満でいいよ」という趣旨です。

困るのは、彼なりによく考えたのでしょうが、採用できないような案を持って来られた場合です。「これまでにない斬新な案を考えました」と来られると、心配になります。私たちの仕事には、前例があったり、参考となる事例があったりします。前例を調べずに、一から新しい案を考えるのは無駄です。また、前例との比較をせずに新しい案だといっても、何がこれまでの事例と異なるかが分かりません。課長としては、その案を市長に説明する際に、「あの事例を参考に、ここを改良しました」とか「これまでの事例とは、ここが違います」と説明しないと、市長も判断が難しいのです。

私は、部下が説明に来てくれたら、その案を作るに当たって誰に相談したか、どのような前例や類例を調べたかを聞きます。ただし、何でも前例通りでは困ります。それらの中で最も良いものを参考にして、それをさらに良くするか、あるいはこれまでの事例を前提として、違った発想でより良い案を考えてほしいのです。あなたの能力を発揮するのは、前例を踏まえた上での、改良であり改革案です。能力と時間の使い方を、間違えないでください。

■ホウ・レン・ソウ

職場での仕事の進め方の金言に、「ホウ・レン・ソウ」という言葉があります。野菜のホウレンソウではありません。「報告、連絡、相談」の三つの言葉をつないでつくられた言葉です。

私も、この言葉が、職場で生きていくための知恵だと思います。しかも、すいすいと上手に渡って行くための手法です。上司からの指示に対して、悩んだ際の相談の重要性と、作業の経過を報告することの必要性は、先に述べた通りです。

何か事件が起きたときや、新しい情報を入手したとき、まずは上司や関係者に対して連絡を入れることが重要です。その事件に、組織として対応しなければなりません。

連絡や報告を受けることで、上司は次の手を打つことができます。悪い情報ほど、早く上げてほしいのです。一人で抱え込んでもう時間がないとか、事態が悪化してから報告されると困るのです。

仕事に関する情報を得たときも同様です。貴重な情報（かもしれないもの）を、一人で抱えずに、組織として共有しましょう。どの範囲に連絡するか。それも一人で判断せずに、上司や同僚と相談しましょう。

■実は人間関係に悩んでいる

ところで、あなたは仕事に悩んでいると思っていますが、実は人間関係に悩んでいるのです。私たちの仕事は、誰も解いたことがない数学の問題に挑戦しているといったシロモノではありません。締め切りが来れば、何らかのものは提出しなければならず、それができるのです。目の前にある現実を相手にしているのですから、深刻に悩んだら正解が出るといった性格のものではないのです。自然科学では、客観的な真実という正解はあります。それに対し、私たちの職場の課題は、その場をうまく切り抜けることが「正解」です。

では、何に悩んでいるかといえば、課長の要求水準を満たしているかどうか分からないことや、どうしたら課長の指示に答えることができるかが分からないことに、悩んでいるのです。あなたは、課題の解き方に悩んでいるのではなく、課長との人間関係に悩んでいるのです。

前回でお話しした私の悩みもそうです。私は仕事が好きです。たまには「難儀な仕事やなあ」と思う場合もありましたが、「誰かがしなければならないなら、私が片付けよう」と取り組んできました。そんな私が、なぜ悩んだか。それは資料の中身に悩んでいたのではなく、Dさんとの人間関係に悩んでいたのです。一生懸命考えた案を何度も否定され、「なぜ、Dさんと議論がかみ合わないのだろう」と、さらには「私は頭が悪いのだろうか」と悩んで、自信をなくしていたのです。

仕事の悩みは、多くの場合、人間関係の悩みなのです。私はそれが分かって以来、相手が知事であろうが総理大臣であろうが、早め早めに「こんな方向で進めたいと思いますが、よいですか」「この人に意見を聞いたら、こうおっしゃっていました」「甲案と乙案がありますが、どっちがお好きですか」と、方向を確認することにしています。懐に飛び込むのです。それは、対応案の中身や方向を確認する以上に、上司との思考の共有を確認しているのです。

■苦手な上司

人間関係の中でも、上司とうまくいかないときは、苦しいですよね。意見が対立する場合だけでなく、波長が合わないといった場合もあります。辛抱していても、だんだん不満がたまるでしょう。

上司と意見が対立したときに、どうするか。私は若いときに、先輩から「2度は反対意見を言ってよい。その次は、従うか辞表を書くかだ」と教えてもらいました。何度か、いえ何度も上司に盾突いたことはありますが、辞表を書いたことはありません。何はんこを逆さまに押したこともありません。「まあ、この件は、命を懸けてまで抵抗する話ではないなあ」と、自分を納得させました。

ところで、上司とうまくいかない職員の話を聞くと、彼らはしばしば「上司は、私の意見を聞いてくれないのです。私の案は間違っているでしょうか」と言います。でも、よくよく聞くと、「上司が間違っているのでしょうか、私が正しいのでしょうか。どちらなのでしょう」と言っているように聞こえます（苦笑）。そうです、自分は正しいと考えているのに上司が認めてくれないから、不満がたまるのです。

あなたが正しいのか、上司が正しいのか。それをあなた一人で決めてはいけません。その意味でも、先輩か誰かに相談して、話を聞いてもらいましょう。上司があなたと違った意見を持っているのは、何か理由があるのでしょう。あなたが「自分は常に正しい」という「天動説」に陥っても、自分では分からないものです。よって、上司と意見が対立した場合も、誰か第三者に話を聞いてもらいましょう。

論点を明確にするために、口で言うのではなく、論点を紙に書いてみることをお勧めします。上司のどこが間違っていて、自分の方がなぜ正しいのか。紙に書くことで、冷静に状況を把握することができます。多くの人の意見を聞いて、いよいよ「上司が絶対間違っている」と考えた場合、覚悟を決めてしかるべき立場の人に話をしましょう。その上司のさらに上司だとか、人事担当者にです。自分で言いに行かずに、理解してくれた先輩にお願いするのも、一つの方法です。

■嫌な上司は反面教師

さて、意見の対立でなく、「どうもそりが合わない」といった場合はどうするか。

人は、それぞれに仕事の流儀や癖を持っています。ある程度の年齢の上司なら、いまさらその性格を変えることは、無理です。あなたも、職場でふてくされていたり、飲み屋で愚痴ったりしていても、建設的ではありません。その上司と、まだしばらくの間一緒に仕事しなければならないのなら、上司を扱う際の「取扱説明書」を基に「傾向と対策」を、早く身に付けましょう。あなた一人がその上司とうまくいかないのか、同僚の多くもその上司とうまくいっていないのか。そして、うまくやっている同僚がいたら、そのこつをまねしましょう。きのうと同じやり方で上司に叱られていては、進歩がありません。もちろん、筋を曲げてまで、迎合する必要はありません。

どうしても納得できないときは、静かに時間が経つのを待ちましょう。嫌な上司に調子を合わせるのは、面白くないでしょう。でも、あなたが譲れない最後の一線とは、何でしょうか。今その上司と戦うことでしょうか。それとも、もっと上を目指して、良い仕事をすることでしょうか。「つまらない敵」を相手にしては、あなたの値打ちが下がります。

そしてあなたが出世して課長になったときは、部下にそのような思いをさせないように心掛けましょう。広い心で、「あの人はひどい人だったけど、良い反面教師になったなあ。あの人のようにならないことを心掛けて、ここまで出世できた」と感謝しましょう。

第3講の教訓

仕事の悩みには、案の中身と進め方の二つがあります。

前例や経験者の意見を調べずに、独自の見解を研究することは無駄です。前例を調べた上で、それを改良しましょう。

そりの合わない上司がいたら、誰か第三者に話を聞いてもらいましょう。そして、しばらく辛抱して、「自分はあのようにはならないぞ」と修養しましょう。

第2章

時間と仕事の管理術

第4講

一日の計は前日にあり

前回まで、職場での心構えをお話ししました。今回からは、仕事を上手に処理するこつを伝授しましょう。まずは、時間と仕事の管理術です。

■光陰矢のごとし

あなたも、新年度が始まる際に、あるいは年の初めに「これだけがんばるぞ」と、目標を立てて気合いを入れるでしょう。ところでそれは、どれだけ実現することができましたか。なかなか予定通りにはいかないものです。

時間と日にちは、何もしなくても、すぐにたってしまいます。「酔生夢死」という言葉があります。読んで字の通りの人生を言ったものです。酔ったように生き、夢のごとく死んでいく。誠に結構な毎日で、ものぐさにとっては理想の生き方ですが、職場ではそうはいきません。

■毎日忙しいのに……

こんな職員はいませんが、極端な例を示しましょう。

朝出勤してお茶を飲み、新聞に目を通す。同僚とひとしきり、夕べのナイター談議をする。「タイガースは……」「あそこは、バントだよな」と。

さて、仕事に取り掛かろう。それにしても二日酔いで頭が痛く、難しい仕事について考える気が起きない。パソコンに向かって、届いたメールを読むか。インターネットでニュースを読み、「岡本全勝のページ」を見る。クスッと笑って、ついでに気になった関連ページを次々とサーフィン。

あっという間に午前10時のお茶。仕事に必要な書類を探し、かかってきた電話の相手をしているうちに、正午前。きょうは昼食をどこに食べに行こうか。これが一番の悩み事なんだよな。

満腹になって帰って来て、席に座ったら睡魔が襲ってきて……。そのうちに午後3時のお茶。会議に出たり、来客の相手をしたりしているうちに午後5時15分。ああ、きょうも忙しくて、抱えている課題は片付かなかった。

これを5回繰り返すと1週間が過ぎ、それを4回繰り返すと1カ月がたちます。そのうちに議会があり、出張も入ります。ゴールデンウイーク、夏休み、シルバーウイークに正月休みもあって、1年が経ってしまうのです。

こんなお気楽な職員ではありませんが、毎日忙しくしているのに、抱えている仕事が進まないことがあります。会議や打ち合わせが頻繁に入ります。自分の席に座っているときは、パソコンに向かい、電子メールに返事を書いたり、インターネットで調べ物をしたり。忙しいのですが、肝心な課題の検討をする時間が取れないのです。

■雑務が予定の邪魔をする

あなたは毎朝、出勤して、「さて、きょうは何から取り掛かろうか」と考えていますか。残念ですが、それでは仕事は進みません。

あなたが抱えている仕事は、急ぎの程度で、次のように分類することができます。

①きょうあすに頑張って、片付けなければならない仕事
②重要な仕事だが、まだ検討や作業に時間がある仕事
③問い合わせへの回答など、さほど時間がかからない雑多な仕事
④突然入ってくる急ぎの仕事

あなたの頭の中は、①の急ぎの仕事のことが占領していて、きょうとあすの仕事の段取りを考えているでしょう。午前中はこれを片付け、午後はあれに取り掛かろうと、計画を立てているはずです。

しかし、その仕事だけに没頭できることは少なく、会議の予定があったり、④のような飛び込みの仕事が入ってきたりします。また、③のような問い合わせは、一つひとつは簡単なのですが、幾つも来ると意外と時間を取られます。そのたびに、取り掛かっている仕事を中断しなければなりません。そして②の締め切りに余裕のある仕事

は、後回しにされ、進まないのです。

朝から晩まで一つの仕事に専念できれば、あなたが描いている予定通りに仕事は進むはずです。ところが、それ以外の雑務が入ってきて、邪魔をするのです。しかし、私たちの職場はそういうところです。これが管理職になると、もっとひどくなります。次から次へとしかも細切れに、報告や相談が持ち込まれます。まとまった自分の時間は取れません。総務部長や事務次官を、1日でよいから経験してみてください。

このような職場であることを前提に、予定を立てなければなりません。きょう中に片付けなければならない仕事の時間を、どのようにして確保するか。飛び込みで入ってくる事案に時間を取られることも考慮に入れて、余裕を持った計画を立てましょう。

■仕事の予定は前日までに

そもそも、「きょう中に片付けなければならない」というような、スリリングな気持ちを味わわなくてもよいように、めどを立てて、早め早めに片付けておくことが重要です。そのためには、1日単位で仕事を管理していては駄目なのです。例えば1週間単位で管理しましょう。来週中に片付ける課題一覧を、書き出しておきます。きょうの予定をきょう考えているようでは、駄目なのです。

あすの仕事の予定は、前日までに決めておくこと。そのために、来週中に何をしなければならないかを、金曜日に書き出します。

「一日の計は朝にあり、一年の計は元旦にあり」といいますが、それでは遅いのです。1日の計は前日にあり、1週間の計は前の週にあります。

第4講の教訓

職場では、一つの仕事に専念できないものと心得ましょう。

1日の計は前日にあり、1週間の計は前の週にあります。来週中に片付ける課題の予定は、前週に立てましょう。

第5講

ドタバタするより工程表

今回は、仕事の進行管理術をお教えします。

■工程表で仕事の進行を管理する

あなたも、締め切り間際になって、慌てたことがあるでしょう。徹夜をして間に合わせたとか、不十分な出来だけど仕方なく提出したとか。

小学生の頃、夏休みが始まるときには1カ月以上も時間がありました。なのに、8月30日になっても、宿題が片付いていない。親に手伝ってもらい、眠い目をこすり、半泣きになって……。よくあることです。

能率良く仕事を進めるこつは、一にも二にも進行管理です。仕事の進行管理には、二つのものがあります。一つはある課題、例えばAを期日までに仕上げる進行管理です。もう一つは、たくさん抱えている課題A、B、C、Dをどの順に片付けていくかの優先順位付け、時間の割り振りです。

まず、個別の課題については、工程表を作りましょう。1枚の紙に、期日までに仕上げるためには、いつごろに何をしなければならないか、日程表に落とします。

その中には、あなた一人で作業すればできることと、他の人を巻き込むことがあるでしょう。例えば、課長の了解を得る、関係課の了解を得る、印刷に出すなどです。

第3講で、私たちの仕事では、内容と共に進め方が重要だとお教えしました。そして進め方には、部内で案を固めていく手順と、部外の関係者から合意を得る段取りの、二つがあると書きました。特に外部との調整は相手のあることで、あなたの都合通りにはできません。一人で徹夜をしてもできません。そして、忙しいときに限って、余計な仕事が入ってきたり、風邪を引いたりします。いわゆる、マーフィーの法則です。余裕を持つことも必要です。

次ページの図表1に例を示します。ある基本計画を改正するために、審議会と議会

図表１　工程表の例

（部内限り）　　　　　　　　　　　　　　　　　平成28年4月4日

○○係長

××市○○基本計画の改定工程案

	手続き等	すること
28年4月	・課長まで説明 ・庁内関係協議	・改定の基本方針作成 ・改定原案作成
5月	・課長説明 ・関係課説明 ・市長まで説明 ・委員、関係市議への事前説明	・審議会①準備
6月	・審議会で議論① ・委員、関係市議への事前説明	・原案修正（パブリックコメントにかける改定案作成） ・審議会②準備
7月	・審議会で議論②（改定案了解へ） ・パブリックコメント実施（3週間）	・パブリックコメント準備
8月	・委員、関係市議への事前説明 ・意見反映結果の公表	・審議会③準備 ・パブリックコメント意見の反映 ・改定最終案作成
9月	・審議会で議論③（改定最終案了解へ） ・改定最終案市長説明 ・改定最終案市議会へ提出→議決 ・改定計画公表	・議会提案手続き ・正式印刷

の議決を得るまでの工程表です。縦長の罫紙に書くなら、左欄に日にちを書き、真ん中の欄に関係者との作業を、右欄にはあなたがしなければならないことを書き出しましょう。当然、「すること」の欄に書いた各項目、例えば「改定の基本方針作成」には、もっと詳しい作業項目を書き出す必要があります。

この工程表は、上司や関係者で共有します。関係者が見ることで、抜けていることも指摘してもらえます。そして例えば、1週間ごとに見直します。仕事は、当初の計画通りには進まないものです。その場合は、サッサと軌道修正しましょう。

■見える化の効用

目に見える形で管理することがこつです。最近の言い方を使えば、「見える化」です。私たちは、頭の中に覚えていても、すぐに忘れます。いえ、忘れてはいないのですが、ほかの課題に気を取られているうちに、先送りされてしまうのです。目に見える形にしていつも眺めていることで、それを防ぐのです。

もう一つは、関係者で共有することです。あなたが抱えている仕事で、一人でやっている仕事は少ないでしょう。関係者の間でその予定を共有することが必要なのです。上司にとっても、部下が作った工程表を見せてもらうと、安心できます。管理職にとっては、部下が工程表を作って定期的に報告してくれると、仕事の半分は終わったようなものです。

■複数の課題の進行

次に、複数の課題の進行管理です。これも、1枚の紙に書き出しましょう。表側には日にちや第何週か、あるいは月の上下旬を書きます。そして左欄から順にA、B、C、D、Eの仕事別に工程を書き込んでいきます。1枚にして、一覧性を持たせることがこつです。

机の上やパソコンの周りに、片付けなければならない仕事を付箋紙に書いて、たくさん貼り付けている職員もいます。簡単な仕事で、工程表に落とすまでもないような案件なら、この方法もあるでしょう。しかし、これでは全体像は見えません。仕事の管理と時間の管理で重要なのは、全体を見ることです。1枚の紙に書き込むなら、重要な仕事や手間のかかる仕事から順に書き、軽い仕事は後ろに並べるでしょう。その順番付けが重要なのです。それを眺めて、どの時期が忙しいのか、その前に片付けておけることは何か、それらを考えるのです。

ここで書いているのは、職員個人の仕事の管理術としての「工程表」作りです。職場単位の、例えば課内での仕事の管理のための「××課の今週の予定」や「××課の今月の予定」もあります。あなたの課でも作って、毎週打ち合わせをしているでしょう。

■日程の決まらない課題一覧

課題の中には、期日や工程が決まらず、日程表に落としにくいものもあります。例えば、今年中に考えればよいことや、締め切りは決まっているが工程表が作りにくい仕事などです。それらも、項目と締め切り日を、1枚の紙に書き出しましょう。これも見える化して、日々眺めることが必要です。どうしようかと悩んでいるうちに、ひょんなことから、良いアイデアが出てくることもあります。

これも、1週間ごとに更新します。その際に、どの課題に力を入れるか、次に急がなければならないことは何かを考えます。じっくりと考えるためには、静かに考える時間を取る必要があります。

東日本大震災直後、政府の被災者生活支援特別対策本部事務局次長になったとき、そして復興庁を軌道に乗せるまでは、私の仕事は「これ」でした。すなわち、取り組まなければならない課題を書き出すことと、それらを私がするか部下に任せるかを分類することです。

前例がない課題だったので、部下から仕事の予定や工程表は上がってきません。前任者の記録もありません。部下の話、現場の話、国会議員や新聞記者から寄せられる情報を基に、想像力を働かせて、これからの課題を書き出します。次に、それらを分類します。きょうあすに急いでしなければならないことと、もう少し検討の時間があることの分類。そして、私がすることと、部下に指示して考えてもらうこととに分類します。じっくり考える時間を確保するために、職員より2時間早く出勤するとか、土曜日や日曜日に静かに考えることにしていました。

部下に予定表を作らせる上司もいますが、部下が作る「今週の課の予定」と、上司が作る「自分がしなければならない仕事の管理表」は別です。後者は、本人が作るものです。

■時間の管理と仕事の管理は別

多くの人は、あすの予定や今週の予定を、手帳やパソコンに書き込んでいます。しかし、それは、あなたの時間の管理であっても、仕事の進行管理ではありません。

時間の管理と仕事の進行管理とは、別のことです。先に述べた「あすの予定、今週の予定」は時間の管理であり、「ある課題の工程表」は仕事の管理であって、二つは別のことなのです。あなたのあすの予定は、時間の管理です。他方、来月までに報告書を仕上げるというのは、仕事の管理です。それぞれ「予定」と言いますが、作る表は別になります。手帳では、仕事の進行管理はできません。

仕事の管理には、工程表を活用します。工程表を作るには、二つの要素があります。日程と、工程です。日程の管理は、その仕事の締め切り日があり、その日から逆算します。他方、工程の管理は、やらなければならないことを積み上げます。言ってみれば、前者は引き算であり、後者は足し算です。担当者は、しばしば足し算をします。「原案を作って、次に課長に了解を得て。そうだ、隣の課の補佐にも了解を取って。印刷には……」と。しかし、上司は、締め切り日から逆算します。

これに対し、時間の管理を見える化することは、実は難しいのです。あなたも私も、あすの予定表や来週の予定表を作ります。しかし、そこに書かれているのは、会議の予定だとか打ち合わせだとかの予定です。言ってみれば、行事の予定が主です。「この時間帯で、この案件を考える」というような「自分で考える時間」は、予定表には書かれることは少ないです。

受験生のときは、夜の8時から10時までは英語、10時から12時までは数学というように、1日の勉強科目の割り振りを作ったでしょう。しかし、職場でそのような時間割を作ることは少ないです。毎日、毎週、次々と案件が入るので、そのような定例的時間割を作りにくいのです。

■ネズミを捕るかゾウを捕るか

最も難しいことは、あなたの限られた時間を、複数の課題にどのように割り振りするか、複数の課題のどれから取り掛かるかです。

ゲームセンターのサバンナ動物射撃ゲームを想像してください。あなたは猟銃を構えます。前のパノラマには草陰から、シマウマ、キリン、ゾウ、ライオンが次々と現れます。どれから撃とうかと迷っているうちに、草陰に逃げてしまいます。獲物は、縦1列や横1列になって出て来てはくれません。しかも、ゆっくりと歩くものと、逃げ足の速いものが交じっています。どれを狙うか、それを瞬時に判断しなければなりません。初めに出て来たシマウマに狙いを定めていると、次にゾウが出て来て、あなたの気が散ります。迷っているうちに、シマウマにもゾウにも逃げられます。結局1頭も仕留められず、悔しい思いをすることになります。

仕事でも同じです。大小さまざまな課題が持ち込まれ、それぞれに十分な時間をかけている余裕はありません。その際に、課題の処理案の検討は、部下に任せたり有識者に外注したりすることができますが、自分の時間の割り振りは、他人に任すことはできないのです。

役所でも企業でも、上に行くほど大きな仕事に携わり、そして忙しくなります。重要なことは、難しい案件についての判断です。そして、その際に併せて難しいのが、時間の使い方です。忙しい人にとって貴重なものは何か。それは時間なのです。どの課題を検討することを優先するのか、どの課題を後回しにするのかです。限られた時間の中で、多くのことを考えなければなりません。

ゲームセンターのハンターは、いつ、どこから、どのような獲物が出て来るか分かりません。しかし、私たちの場合は、突発的に出て来る課題のほかは、事前にいつごろどのような課題を片付けなければならないか、分かっているのです。それを工程表に落として狙いを付けておくことで、小さな獲物にかかずらって大きな獲物に逃げられるような失敗を、防ぐことができます。

ところで、頭は良いのですが、仕事では優秀と言えない職員がいます。ある課題をじっくり考えて良い案を作ってくれるのですが、ほかの課題が片付いていない。極端な場合は、重要でない課題について必要以上に精緻に考え、もっと重要な案件を放置してあるような場合です。素晴らしいネズミ捕り器を作ってくれるのですが、ゾウを逃がすようなハンターです。

もちろん、ネズミは捕らなければなりません。しかし、それだけで終わっては困るのです。私たちの職場では、ネズミに全力を挙げる職員より、ゾウに仕事時間の6割を、シマウマに3割を、ネズミに1割を割り振る職員が欲しいのです。

第5講の教訓

時間の管理と仕事の管理は、別ものです。
仕事の進行管理は、工程表を作って見える化しましょう。
たくさん抱えている課題を書き出し、どれから片付けるか考えます。
ネズミに多くの時間を割かず、シマウマやゾウを捕まえることに時間を割きましょう。

正しい会議の開き方

今回は、仕事場での時間管理を邪魔するものへの対策を、お教えしましょう。

■会議は仕事の敵

私は会議が嫌いです。仕事場の敵だとさえ思っています。集まって顔を合わせた方がよい場合もありますが、嫌いな理由は、時間の浪費である会議が多いからです。それは、次のような会議です。

①大勢の人が集まらなくても、資料を各自に届けてくれれば、読んでおくことで済むような会議。あるいは、意見があれば、電子メールで回答できるような案件で

集まる会議

②何をしたいのか、目標が不明な会議。すなわち、情報共有なのか、意見交換なのか、あることを決定するのか、それが分からないままに各自が意見を言っているような会議

このような会議は、生産性が低いのです。説明者とそれを聞く人だけなら、無駄であっても、その被害は2人だけです。10人も集めた会議なら、被害者は10人にもなります。このような会議は、なるべく開催しないようにしましょう。例年開催している会議でも、あなたが憎まれ役になって「この会議は開かなくても、電子メールで周知すれば済みますよね」と、見直しを提案してみましょう。

特に嫌いなのは、所要時間の分からない会議です。立場上、いろんな会議への出席案内が来ます。当然、案内状には開催場所と日時は書いてありますが、終了時刻が書かれていない場合があります。そのときは終了時刻を確認し、それが分からないような会議は、欠席することとしています。

もちろん儀式でない以上、きちんとした終了時刻は分からないでしょう。しかし、おおむねの終了時刻は決めておかないと、私は次の予定を入れることができません。忙しい事務次官や部長が、終わりの分からないような会議で拘束されては、ほかの仕事が進みません。仕方なく出席しなければならない場合もありますが、そのような場合は、自分で決めた時間で途中退席します。

■その会議では何をするのか

会議を開くにしても、どうしたら早く終わることができるか、工夫しましょう。ここでは、部内の会議について話します。外部の人を入れた会議は、これとは別です。

会議の目的には、大きく分けて2種類あります。一つは、各課の代表者などが出て来て、意思決定をしたり、指示を出したりする会議です。もう一つは、みんなで知恵を出し合うために集まる会議です。

前者の会議は、式次第通りに淡々と、そして早く終わることが理想です。緊急時以外は、事前に資料も配られ、意見の調整もされているでしょう。いえ、そのようにしておくことが重要です。会議の場で、強硬な反対意見が出たり、なるほどと思うような修正意見が出たりするようでは、事務局として失格ですね。もちろん、議題に触発されて、議論が発展する場合もあります。しかし、それは意思決定をした後や、指示が出て関係者が納得した後での、意見交換においてです。

後者の場合は、事前に参加者に議題と意図を示して、考えておいてもらいます。ものによっては、各自の考えをメモや資料で出してもらい、それを整理して会議に提出します。その意見一覧を基に議論した方が、議論が発散しません。あるいは、その整理した意見一覧を事前に参加者に配って、読んでおいてもらう方法もあります。すると会議時間は短くて済みますし、極端な場合は会議を開く必要もなくなります。

ところで、配られる議事次第の多くには、まず、「1. 開会」「2. 主催者のあいさつ」とあります。これも、無駄ですね。直ちに「1. 主催者の発言」から始めればよいのです。「3. ××について」「4. △△について」も、これでは何をしたいのか分かりません。「3. ××について（決定事項）」「4. △△について（自由討議）」と書いて、そこで何をしたいのか、すなわち会議として意思決定するのか、意見交換なのかを明示してください。

効率的な会議にするためには、人数を絞ることも必要です。その他の出席者は、会議机ではなく、後ろの椅子席に座ってもらいます。

さらに一言。あなたは、会議が終わったら、その結論をまとめて参加者に配布するとともに記録に残していますか。会議は、開くことに意義があるのではなく、そこで何かを決めることや意見を出すことが目的でしょう。すると、その会議で何が決まったのか、どのような意見が出たのか、そしてそれに従って次は何をしなければならないのか。それらを関係者で確認し、次の行動に移す必要があります。会議の記録は、式次第と提出された資料ではなく、会議の結論を残す必要があります。

■効率的な会議

多くの人間が、集中できるのは45分間です。テレビの番組も、30分か45分が基本単位になっています。国会で開催される国家基本政策委員会両院合同審査会、いわゆる「党首討論」も、そのような趣旨から45分という時間が設定されたと聞きました。1

時間を超える会議はやめましょう。もし必要なら、途中で休憩を入れましょう。でも、本当に集中できるのは15分程度でしょう。民間には、立ったまま会議をする職場もあります。これなら、早く終わりますよね。

定例的な会議は、開催日時を固定しておきましょう。例えば課内での業務打ち合わせは、多くの職場で、月曜の朝に時間を決めてやっているでしょう。いちいち連絡しなくても、関係者はそれに合わせて準備をします。出席者である課長補佐や係長だけでなく、その部下たちもそれに合わせて準備をします。忙しい職場なら、金曜日に、来週にすることの打ち合わせをしているでしょう。

毎週や毎月に定例で開かれるものではない会議は、なるべく早く日時を設営しましょう。関係者が、それに合わせて議題を提出し、仕事の準備をすることができます。ここでは部内の会議について説明していますが、部外の人に集まってもらう会議では、忙しい人の日程を押さえることが大変です。そのような会議は、開催日時を決めたら、仕事の半分が終わったようなものです。早めに決めれば、その人たちも、その日程に合わせてくれます。開催日が決まれば、それに合わせて、関係者が議題の準備をするのです。

開始予定時刻が来たら、会議を始めましょう。市長や知事が遅れる場合は、待つ必要がありますが。開始時刻前でも、主要な出席者がそろったら始めましょう。終了予定時刻前でも、早く終わることは、参加者は大歓迎です。復興庁では、大臣が出席する会議や打ち合わせは、職員に10分前集合を義務付けています。その他の場合も、5分前集合をお願いしています。そして大臣が早く来られたり、全員がそろったりしたら、定刻前でも開始します。大臣さえおられれば、全員がそろっていなくても、始めます。大勢の人を待たせては、時間の無駄です。

■手を抜いて良い成果を出す

多くの職場で、超過勤務が問題になっています。その職場全体が忙しい場合と、ある個人だけが忙しい場合。年がら年中忙しい職場と、特定の時期だけ忙しい職場。さまざまでしょう。いずれにしても、職場の超過勤務削減は、上司の責任です。

無駄な作業をさせないことは、上司の仕事です。部下は、与えられた仕事をやり遂げなければなりません。部下が工夫できることは、その仕事をどのように要領よく片付けるかです。その対処方法は二つあります。

一つは、工程を管理して、一時に仕事が集中しないようにすることです。締め切り間際にドタバタしないこと。そのためには、上司と工程表を共有し、途中経過を報告し、無駄がないようにしましょう。また、複数の課題を抱えている場合は、どれを優先するか、上司に確認しましょう。ネズミを取るのに時間をかけて、ゾウを逃がしてはいけません。どの課題がネズミでどの課題がゾウかは、上司に決めてもらいましょう。

もう一つは、手を抜くことです。いいえ、成果物の水準を落としてもよい、と言っているのではありません。まず、百点満点を目指すことをやめましょう。80点を目指してください。多くの仕事で、残りの20点を取ろうとすると、80点を取ることに費やした以上の労力が必要になるのです。「80対20の法則」（8対2の法則）と呼ばれる金言があります。20の労力で成果物の80％ができ、あとの20％を完成させようとすると、80の労力が必要になるというものです。

しかも、あなたが考えている百点満点と、上司が考えている満点とは、ずれている場合もあります。途中途中で上司と相談して、「この方向でよいですか」「ここまで作りましたが、あと何をしましょうか」と確認してください。そして、同じ成果物を、より省力で出すことを考えてください。前例を調べ、先輩や専門家に相談して。

その場合も、上司に相談して、「こうして効率よくやります」と了解を得てください。上司の了解なしに手を抜くとサボったと疑われて、勤務評価が低くなります。しかし、上司と相談して、手を抜いて効率よく仕事を仕上げると、「あいつは仕事ができる」と評価が上がります。ちょっとした違いが、ボーナス額と出世に跳ね返ります。

■1カ月、3カ月ごとに振り返ってみる

さて、時々手帳を見て、何をしたか、何が課題として残っているか振り返ってみましょう。しかし、手帳には行事しか書かれていません。あなたが何に労力を費やし、何が出来上がったかは、書かれていません。それを思い出させるのは、せいぜい、残業時間と打ち上げの記録くらいでしょうか。

それに比べ、その時々に作った工程表や、しなければならない課題一覧表は、価値があります。日記を付けている人は、それを読み返すことで成果を振り返ることができます。手帳は予定を書いたものであって、日記は結果を記したものです。しかし、毎日の日記では、1カ月や3カ月の振り返りは書かれません。

毎日の忙しさと、成果物は比例しません。仕事には、5分もあれば片付く雑件、1週間かかる検討、3カ月かかる行事、1年かけて実現するような職場の改革など、時間のあまりかからないものから長くかかるものまで、簡単な案件から難しい課題まで、いろんなものがあります。それを分類して仕事を進め、また立ち止まって見直し、振り返ってみましょう。

きょうあすの仕事ばかりに意識をとられず、中長期で仕事を考えるくせをつけましょう。私の執務室のカレンダーは、3カ月分を掲げてあります。

フランスの歴史家フェルナン・ブローデルは、歴史を変化の時間の長さによる3層の次元から成るものと説明しています(『地中海』藤原書店)。短い時間が、出来事の歴史です。中くらいなのが、社会の変化の歴史。長い時間が、環境と人間との関係、構造的な時間です。私たちの日常は、ここまで長い期間の歴史ではありませんが、毎日の時間と1週間や1カ月、さらには3カ月や1年とでは、している仕事や成し遂げた仕事の、内容と質が違うのです。

あなたが取り組んでいる仕事を、1週間、1カ月、3カ月、1年ごとに立ち止まり、見てみてください。仕事を、ゾウとシマウマとネズミに分類するのです。それが、時間の割り振りを効率的にします。

第6講の教訓

無駄な会議は時間の浪費です。生産性を高める工夫をしましょう。
会議の開始時刻は厳守、終わりの時刻を決めておきます。
議事次第に、意思決定なのか意見交換なのか、会議の目的を明示します。
まずは8割の出来を目指し、途中途中で上司と進め方を確認しましょう。

第3章

学校では教えてもらえない書類作成法

相手に伝わる説明の仕方

今回からは、説明の仕方や資料の作り方を、お教えします。まず、説明の仕方についてです。

指示された課題に答えを出すことができたり、途中経過を報告したりしたい場合には、資料を作り説明するでしょう。しかし、あなたの答えを提出しただけでは、目的を達したことになりません。上司に納得してもらわなければ、及第点をもらえません。

部下から説明を受ける上司として、どのような方法で説明してもらいたいか。受験勉強で言うと、採点者の立場から受験勉強中のあなたに、「傾向と対策」をお教えしましょう。

■唾を飛ばすよりメモ

唾を飛ばして熱心に説明してくれる職員がいますが、上司にとっては困るのです。「あの件が……」と、職員Aさんが、勢い込んで部屋に入って来て報告してくれます。彼が力を込めて報告してくれていることはよく分かるのですが、私の方は「あの件って、何?」と、ちっとも話が噛み合いません。ようやく理解できて、論点を整理しているところに電話がかかってきて、私はその応対をします。電話を終えて、再度Aさんに向き合っても、また「何の話だったっけ……」となってしまうことがあるのです。

県の総務部長のときから、しばしば同じような経験をしています。Aさんにとって、部長に報告したい案件は一つですが、総務部長には、予算、人事、県議会、知事からの宿題と、いろいろな課題があります。Aさんは自分の仕事を中心に考えますが、私にとってAさんの仕事は、私の周りを回っている多くの衛星(課題)の一つでしかありません(失礼)。

大部屋にいて一緒に仕事をしていると、職員が何の仕事をしているか、前後の脈絡が分かっています。しかし、個室に入ると、そうはいきません。しかも、職員は私に会うために、何度も部長室に足を運んでいるのです。私は外回りが好きで、というかそれが仕事なので、しょっちゅう部屋を留守にしていたのです。部屋にいるときはいるときで、「喫茶岡本」と秘書が笑うほど、議員や新聞記者など来客が多かったのです。それは、その後の職場でも同じです。職員Aさんは、秘書に私の在室を確認してから来たのに、部長室に着いたら岡本部長はいないとか、先客がいるとかで、無駄足になるのです。

そこで私から職員に、「説明したいことがあれば、メモにして私の机の上に置いといて。後で見ておくから」と言っていました。今は、1枚の紙にして届けてもらうか、電子メールで送ってもらうかにしています。資料がある場合は、メモを付けて届けてもらいます。

若い人は、「そんなに物覚えが悪いのか」と笑うかもしれませんが、記憶力が落ちているのではありません。あまりにもいろいろな案件が入ってきて、一つのことに集中できないのです。一度、総務部長や事務次官（それから総理大臣秘書官！）を、1日やってみてください。すると分かります。

■メモの良さ

いずれにせよ、口頭で唾を飛ばすのではなく、紙に書いて上司が読めるものにして持ち込むことです。理由は、次の通りです。

まず、口頭報告は忘れることがあります。何せ忙しく、次々と全然別の案件が持ち込まれます。その都度、頭を切り換えるので、前の案件はすぐに忘れてしまいます（頭の切り換えが早いことは、優秀な幹部の条件です）。メモや電子メールなら、忘れることはありません。そして上司は、幾つもある案件を、読めば済むもの、急いで処理しなければならないもの、後に回してもよいものに分類して、急ぎのものから処理することができます。

また、口頭のやりとりは、後で確認できないのです。私はおっちょこちょいで、電話で「ハイハイ、分かりました。来週の×日ですね」と相づちを打ちながら、メモを取ることを忘れます。すると、受話器を置いてから、「あれ、今の約束は何日の何時だったっけ」となってしまうことがあるのです。そこで、電話で話した用件でも、「後でファクスか、電子メールで送ってもらえますか」と、お願いするようにしています。

これなら、安心です。

しかし、一番の理由は、メモの方が簡潔で正確だということです。口頭で報告してくれる場合は、まずはあいさつから入り、天気や健康を聞いてくれます。それから本論に入り、それもいきさつを長々と説明してくれます。それに相づちを打ちながら、私の顔には、「早く結論を言ってくれよなあ……」と書いてあります。あなたも、メモにするとなると、何を報告したいのか、そのポイントを考えるでしょう。すると、出たとこ勝負の「弁慶の勧進帳」みたいな話術ではなく、5W1Hを押さえた文書になります。より正確でかつ伝わりやすい報告になるのです。

あなたが熱心に唾を飛ばして説明していても、相手には案外伝わっていないものです。唾の量と伝達度は、残念ながら反比例します。それに、報告する方も気が楽です。「こんなことぐらいで部長に報告に行くのは、気が引けるなあ。どうせ部長は席にいないし」と思うより、メモにして放り込んでおけばよいのです。まずは、報告と連絡です。

■ファクスと電子メールの良さ

昔を思うと、今は便利になりました。年寄りの昔話と思って、聞いてください。私が公務員になった頃には、まだ職場にはファクス（ファクシミリ）がありませんでした。役所内で別の課の職員と、あるいは外部の人と日程を調整する際には、一人ひとり電話をかけて、可能な日と時間を教えてもらい、皆の都合の良い日を決めていました。

庁内の人なら簡単ですが、大学教授などに、研究会に出席してもらうための日程調整は大変です。まず研究室に電話をかけて、先生の所在を教えてもらいます。やっと先生を捕まえて、ごあいさつをしてから本題に入ります。ファクスが普及したのは、平成に入ってからでしょうか。それから、便利になりました。「次のうち、都合の良い日時に○を付けて、返送してください」と書いて、ファクスで送ればいいのですから。

大臣秘書官のときも、重宝しました。翌日に必要な資料の作成が遅れて、真夜中までかかった場合や、夜のうちに報告しておきたい案件がある場合です。深夜に大臣を起こすのは申し訳ない、でもあすの朝お迎えに行くときでは遅いという場合です。ファクスで大臣の家に送り込んでおけば、大臣は朝起きて資料に目を通してからご出勤。私も大臣も、真夜中に仕事をする必要がなく、めでたしめでたし。もっとも、便利だからといって何でもかんでも送ると、相手は迷惑です。あるとき大臣から、「岡本秘書官、ファクスで送ってくれるのはいいんだが、あまりの多さに、食堂の床いっぱいに広がっていたよ」と、笑いながらお叱りを受けました。

その後、電子メールが行き渡り、さらに便利になりました。CC（Carbon Copy＝カーボンコピー）機能を使えば、関係者が同時に共有することができます。

■電話は困る

先に、「唾を飛ばす職員は困ります」と書きましたが、電話はもっと困ります。口頭の報告ですら、不正確になりがちです。さらにいけないのは、相手が今どのような状態にあるのか分からずに、かけてくるからです。

固定電話でかかってくる電話は、秘書がひとまず選別してくれます。一段と困るのが、携帯電話です。会議中でも電車の中でも、はたまた布団の中まで追い掛けてきます。緊急連絡なら仕方ありませんが、それほど急ぎでもない用件もあります。私は、かけてきた相手をデリカシーのない奴だと心の中で思いつつ、「急ぎでなかったら、電子メールで送ってください」と答えます。

ファクスと電子メールが優れているのは、相手の状態を考えなくてもよく、こちらの都合の良いときに送っておいて、相手の都合の良いときに読んでもらえるからです。そして、口頭でのやりとりより、内容も簡潔に整理されていて、受け取った方もゆっくりと検討して返事をすることができるのです。だから、自分が連絡を受ける場合も、自分から連絡する場合も、電話より電子メールが好きです。

■ひどい伝言ゲーム

口頭での連絡が、いかに危ないか。私の失敗をお話ししましょう。まだ30代の終わり頃、自治大臣秘書官をしていたときの話です。

国会で所管の委員会が開かれていて、私は大臣の後ろの席で控えていました。質疑を聞いているうちに、「この様子だと、あの話題に入るかもしれないな。きのう、担当のB課長から大臣に説明してもらったけど、念のために資料を用意しておこう。でもB課長はこの委員会に出席していないし、私はもらった資料を本省に置いてきてしまった。あの資料を課長のところから届けてもらおう」と考えました。そこで、委員会室にいる国会連絡担当の職員を呼んで、小声で「B課長に電話して、きのうの『あの資料』を、届けてもらってください」と伝えました。

ところが、何時間たっても、資料が届きません。イライラしていると、B課長が委員会室に現れて、私に近づき小声でおっしゃいました。「岡本君、資料を今大至急で作っているからな」と。私は絶句しつつ、「ところで課長、何の資料を作っておられるのですか?」と聞き返しました。きっと、B課長は怒っていたでしょうね、「お前に頼まれたから、急いで資料を作っているのに。何という言い草だ」と。

伝言ゲームというのがあります。一列に人が並んで、前の人から順次ある文章を伝えていって、最後の人にどれだけ正確に伝わるかを競うゲームです。今白状した例は、私が体験した「最もひどい伝言ゲーム」です。それ以来、反省して指示はメモに書いて渡すようにしました。メモにすることによって、私の指示がいかに不明確だったかを思い知りました。

先ほどの例で、あの言葉をそのままメモにしたとしましょう。

まず、指示する相手は誰か。「B課長」、これは合格で○。次に何をしてほしいか。「あの資料を届けてください」では、「あの資料」が何のことか分からず不合格で×。そもそも、これが不明確だったので、こんなことになったのです。

誰に届けるのか。「私に」では岡本秘書官であることはわかりますが、岡本はどこにいるのか分からず×。いつまでに届けてほしいか。「至急」では、急いでいることは分かりますが、いつまでに欲しいのか、例えばきょう中でよいのか、直ちになのか分からず×。どのようにして届けてほしいのか。国会内の自治省職員が詰めている連絡室までファクスで届けるのか(当時はまだ電子メールがありませんでした)、職員が車で運ぶのか。そして何部必要なのか。全部×。

正解例は、次ページの図表2の通り。

図表2　メモによる伝言の例

至急
○月○日○時○分　衆議院第13委員会室
岡本秘書官から政府連絡室へ（依頼）

このメモをB課長に届けてください。

岡本秘書官からB課長へ
私の手持ちとして必要なので、昨日大臣にご進講いただいた○○についての資料を、大至急（できれば30分以内に）政府連絡室のファクス経由で、1部、第13委員会室の私まで届けてください。

■岡本部長のイエローカード

口頭でなくメモを使う例として、私の方法を紹介します。これは、部下から上司への報告でなく、上司から部下への指示や連絡の手法ですが、参考にしてください。

県庁の総務部長のときは、「岡本部長のイエローカード」と呼ばれるものを使っていました。イエローカードといっても、サッカーで反則した場合に使われる警告ではありません。たまたま色が黄色い紙だったのです（図表3）。

　これは、市販されている貼って剝がせるメモ用紙（大型ののり付き付箋、商品名ポスト・イット。私が使っていたのは縦12・7センチ、横7・6センチ）に、スタンプで様式を押したものです。上がってきた報告や決裁に意見がある場合、重要なものなら課長を呼びますが、簡単なときはこのメモに私の意見を書き込んで、起案に貼り付けて返していました。

図表3

岡本部長のイエローカード

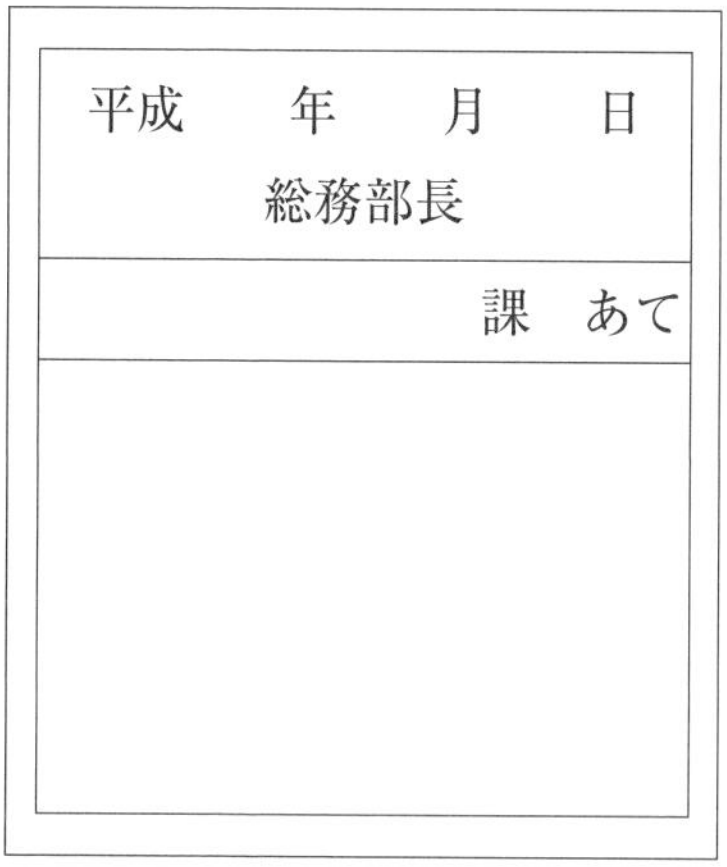

　これだと、いちいち課長に来てもらわなくてもよいですし、課長が不在でも再度呼ばなくて済みます。私も、何を伝えたいのか、考えを整理することができます。また、面と向かって言いにくいことでも、文章な

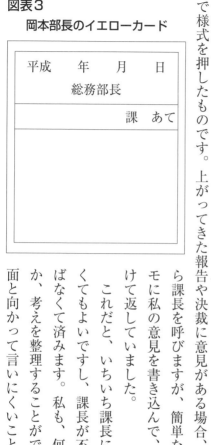

ら書きやすい場合があります。

もう一つの効用は、正確に相手に伝わることです。人は誰だって、上司に呼ばれると少し緊張します。しかも、個室に1人で呼ばれるのです。私が意見を言っている間、相手も「はい、はい」と答えていますが、部長室を出たら、「アレ、何だったっけ。部長に言われた一つは覚えているけど、あと二つほど部長は言っていたよな……」ということも起こります。私が上司に呼ばれたときも、しばしばそうでしたから。

項目を忘れることはなくても、私の意図が正確に伝わらないことはしばしばあります。メモに書かれていたら、項目を漏らすとか、間違って伝わることはありません。もし間違って伝わったら、それは私のメモの書き方が悪いのです。

■指示の重さによって使い分ける

その後も、「岡本のイエローカード」を使っています。同じ大きさの付箋で、今は私の似顔絵をスタンプで押してあります。これに、日付と内容を書いて、資料に貼って渡します（図表4）。

私は、部下への指示や連絡は、次の五つを使い分けています。

A．特に重要で込み入っている案件や、部下の意見も聞きたい場合。
指示する内容を紙に箇条書きにして、部下を部屋に呼んで紙を渡して説明します。

B．次に重要な案件。
部下に「紙と鉛筆持って来て」と部屋に呼んで、口答で指示し、書き取ってもらいます。

C．重要だけどそこまで込み入っていない案件。
電子メールで指示します。あるいは、指示する内容を書い

図表4　資料につけるメモの例

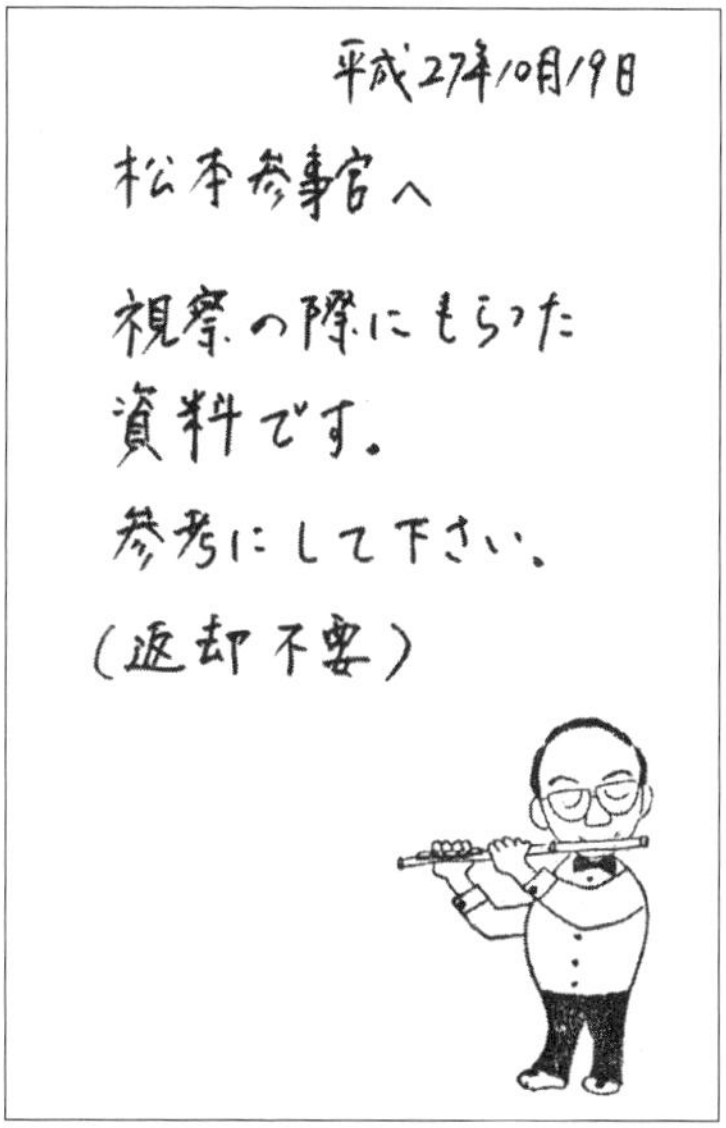

平成27年10月19日
松本参事官へ
視察の際にもらった
資料です。
参考にして下さい。
(返却不要)

た紙を職員に届けるか、彼の椅子の上に置いておきます（椅子の上なら、座るときに必ず見てくれるので）。

D．簡単な案件への返事や、私がもらった資料を部下に下げ渡すもの。イエローカードに簡単に指示を書いて、資料に貼って渡します。

E．さらに簡単なもの。こちらから部下の机まで出掛けて行って、口答で話します。私の部屋に呼ぶより、出掛けて行った方が、彼の忙しさが分かります。また、彼も私の部屋に呼び出されるより、緊張しないでしょう。

第7講の教訓

唾よりメモ。電話より電子メール。紙に書いて、何を言いたいのか整理しましょう。口頭の報告は不正確になり、相手に正しく伝わりません。

報告を上げる三つの準備

今回は、上司に説明をする際の方法をお教えしましょう。

■メモは資料作りの第1段階

資料作りの第1段階は、メモを取ることと、メモを作ることでしょう。上司の指示を書き取ったメモ、電話の内容を書き取ったメモ、思い付いたことを書き留めたメモなどです。

多くの人はノートや小さめの手帳を持っていて、上司に呼ばれた際などには、それに要点を書き取っているのではないでしょうか。あるいは、罫紙など綴じてないもの（1枚ずつ剝がれる用紙）を使う人もいます。私のところに取材に来られる記者さんも、多くの人がノートを使っておられます。便利なのでしょう。

パソコン（ワープロ）は、文字を「行」で書きます。それに対し、紙にペンで書くと、「面」で書くことができ、立体的に考えることができるのです。文章にするならワープロが便利ですが、メモとして語句を書き付け、考えるにはノートの方が適しています。

席に戻ったら、そのメモを読んで分かるように文章にしたり、あるいは何をしなければならないかに「翻訳」するでしょう。その際には、いつ書いたメモかが分かるように日付を入れることは、本書を読んでいる優秀な読者なら、お分かりですよね。

このメモとメモ起こしは、仕事の起点となるものですから、重要な意味を持ちます。上司の指示なら、書き取ったことが間違っていないか、その上司に確認しなければなりません。指示を受けた際に確認するのか、あるいは席に戻って文書にしてから上司に確認するのか、どちらでも結構です。上司が口頭でなく文書で指示を出してくれた場合でも、理解した内容を補足して書き込みます。

ノートを使うか、罫紙を使うかは、その人の好みでしょう。散逸しないためには、ノートがお薦めです。そして処理が終わった項目には、思い切って赤で×を書いて、達成感に浸りましょう。逆に、まだ終わっていない項目は、ノートを眺めることで、「これを片付けなければならない」と、自分を追い込みましょう。見える化です。

■報告の上げ方、三つの準備

次は、与えられた宿題を考えて答えができ、上司に説明する際の注意点です。

あなたは案ができたら、それを直ちに課長に持って行っていませんか。それでは、落第です。よほど簡単な宿題なら、それでよいでしょう。しかし、時間をかけて考えた難しい課題なら、それではいけません。私は、与えられた課題を上司に報告する場合、手順を三つに分けて作戦を練ります。

①説明資料を考える

まず第一は、考えた案を資料にすることです。

案ができたことと、説明資料を作ることとは、別の作業です。自分の考えた案をそのまま資料にすると、たいがいの場合、これまでの経緯が書かれ、次に問題の検討過程が書かれます。そして最後に結論がきます。これは、あなたの思考過程であって、説明書ではありません。

上司が欲しいのは、まず結論です。それから、どうしてその結論に至ったかの、検討内容を知りたいのです。その次に、今後のスケジュールとして、関係者との根回しの段取り、記者発表の時期の案も書いてほしいです。これまでの経緯は、たいがいの場合は上司も知っていますから、最後に付ける参考資料でよいのです。どのように書いたら、上司にすっきりと理解してもらえるか、工夫しましょう。

②予行演習をする

こうして説明資料ができたら、どのように説明するかを考えます。

一度、あなたの頭の中で予行演習をするのです。「あの人なら、多分こう聞いてくるだろうな。そうしたら、こう答えよう」というようにです。頭の中で想定問答をします。剣道を思い浮かべてください。相手は、面を打ち込んでくるか、小手を狙ってくるか、それとも胴で来るか。それぞれの竹刀の動きを予想して、防御の形を考えます。

必要ならそれに備えて、手持ちの資料も用意しましょう。学生時代の受験参考書に「傾向と対策」というのがありました。傾向と対策は、何も受験勉強のためだけにあるのではありません。上司に説明することを受験と考えれば、傾向と対策は重要です。あなたが回答にたどり着くことと、それを他人に説明することは、別のことです。思い付いたらその足で上司の前に行くのは、説明ではなく連絡です。上司を説得しようとするなら、それなりの戦術が必要です。

私の方は、部下と同じ土俵で戦っては負けることもあるので、あなたとは別の角度から考えて待ち受けています。というより、部下が持って来てくれた案を自分の上司や外部の人に説明する際に、これで納得してもらえるか、さまざまな角度から考えます。私だけでなく、たいがいの上司は、同じことを考えています。地雷だらけの上司の部屋に、無防備に入ると、直ちに爆死しますよ。

もっとも、上司の部屋の地雷は、隠してあるのではありません。何回かやりとりしているうちに、上司の傾向は分かるはずです。「多分、C課長はこう攻めてくるだろうな」と。とすれば、その対策を考えてから、説明に入りましょう。

③いつ誰から説明するか

そして第三は、いつ誰から説明するかを考えることです。

緊急の場合は、傾向と対策を考えることなく、なるべく早く上司に報告しましょう。急ぎであっても直ちに知らせる必要がない場合は、机の上に置いておくか、電子メールで送っておきましょう。取扱注意なら、資料は封筒に入れておいてください。

そこまで急ぎでない場合は、いつ、誰から順に説明するかを考えましょう。直属上司は1人でも、上司や同僚は何人かいるはずです。その人たちの意見も聞いて加筆修正すると、より良い案になります。意見を聞くことを通してその人たちに根回しをして、味方を増やしておくことは、損にはなりません。

■必要最小限の資料

あなたは、上司への説明に備えて、いろいろと資料を用意します。しかし、作った資料をすべて付ければよい、というものでもありません。たくさん付ければ、それだけ説明の時間がかかるし、上司に「撃たれる」材料を提供しているようなものです。説明の際に必要最小限の資料を付けておいて、あとは手持ちにしておきます。

ところで、丁寧に資料を説明してくれる職員がいます。私の方は、どこに書いてあるのかなあと、資料をめくりますが、出てきません。資料に書いてないことを、ぺらぺらと説明してくれているのです。何のことはありません、説明者だけが自分の資料に書き込みをして、それを読んでいるのです。

多くの上司は辛抱強いので、黙って聞き、時にはそれを筆記します。私は短気なので、「あんたのその書き込みのある資料を、コピーして配ってよ」と言います。必要なことなら、配る説明資料に書いておいてください。自分だけ持っていて、書き取りなさいというのは、上司がかわいそうだと思いませんか。

■準備は万端、自信を持って

ここまで準備ができたら、上司に説明に行きましょう。十分な用意をしたのですから、自信を持って戦いに臨むことができます。質問があっても、「どこからでもかかってこい」と。おどおどして説明していては、上司も心配になります。

これだけ準備して説明したのに、別の観点から上司に撃たれて、説得に失敗したら。そのときは、「さすが私の上司だ。勉強になった」と、追加された宿題の答えを考えて、出直しましょう。悩まない、悩まない。

第8講の教訓

メモ取りはノートで行いましょう。
宿題に答えが出ても、すぐに上司の部屋に飛び込まず、説明の仕方を考えましょう。
上司にすっと理解してもらえるように、資料の作り方に工夫をしましょう。
上司の傾向と対策を考え、事前に説明の想定問答をやってみましょう。

説明資料の作り方

前回は、上司への説明の仕方をお話ししました。今回は、その説明の際に使う資料の作り方をお教えしましょう。せっかく良い案を考えたのに、説明資料の出来が悪いと、上司にスカッと理解してもらえません。

■あなたは何を説明したいのか

案の内容の質とともに、説明資料の分かりやすさも重要です。そして、多くの公務員は、案を作ることに全力を挙げ、資料作りをおろそかにします。また、資料の作り方がヘタです。「包装紙」が悪いと、「良い品物」も安く見えます。

ある調査結果がまとまり、それを発表する場合を例に取りましょう。あなたは、調査結果の資料を課長に見せながら、その概要や特徴の説明を始めます。課長はあなたの説明を聞いて、調査結果の要点を理解し、さらに「いつ、どのような方法で発表するのか」などを質問するでしょう。でも、あなたが話している調査結果の要点や、課長との質疑で出る今後の進め方は、その資料には書かれていません。

私なら、次のように言って差し戻します。

「この調査結果は良くできている。でも、これは説明の紙ではない」「今あなたが口で言ったことを、箇条書きでいいので、この資料の前に1枚にして付けてよ」と。

■成果物と説明資料は別

あなたが課長に見せている調査結果資料は、あなたが取りまとめて、発表したい「成果物」です。それは、課長に見てもらいます。しかし今、あなたが課長とやりとりしたいのは、調査結果の要点と記者発表で訴えたい内容について課長の「了解をもらう」ことと、今後の進め方を「相談したい」ことでしょう。

すると、きょうは何を課長と相談したいのか。その趣旨を書いた紙を説明資料として作ってほしいのです。調査結果資料は、その別添資料と考えてください。あなたが上司に説明し了解を得なければならないのは、記者発表資料案の「内容」と、その記者発表の「進め方」です。

ここでは分かりやすいように、最初に付ける1枚を「趣旨紙」、その後に付ける調査結果資料を「成果物」と呼び、両方を合わせて「説明資料」と呼びましょう。

決裁を取る場合、起案用紙には、「別添の通り、△△してよいですか」と、別添の成果物をどうしたいのか趣旨が書かれています。電子決裁で済ます場合も、冒頭に「次の通り、△△してよろしいですか」と、趣旨を書くでしょう。

しかし、皆さんの仕事の多くの場面で、いきなり起案することは少なく、まずは案の段階で上司に相談するでしょう。ここで議論しているのは、決裁の前に、上司に相談しなければならないような案件です。そのような場合ほど、何を相談したいのかを書いておいてください。

■読めば意図が分かる趣旨紙

これは今、例に出した、公表用の資料を相談するような場合だけでなく、課長から出された宿題に答えをつくって、紙にまとめたような場合も同じです。あなたが唾を飛ばさなくても、課長が目を通せば分かるのが、良い説明資料です。

上司への説明資料が、合格点をもらえるかどうかの基準は簡単です。「説明する時間が取れないときに、上司に渡して車の中で読んでもらって、分かってもらえるかどうか」です。成果物だけ渡されても、あなたがどうしたいのか、課長には分かりません。あなたが作った「成果物」の前に、「送り状」(趣旨紙)が必要なのです。それは例えば、98ページの図表5のようなものです。

もう一つ、報告の場合を例にしましょう。99ページの図表6のような紙を持って、職員が説明に来てくれます。でも、これでは、この紙が報告なのか相談なのか、事実を書いてあるのか希望を書いてあるのかが、課長には分かりません。

99ページの図表7のように書けば、これが財政課と折衝中の途中報告であり、この内容でよいかを確認し、また今後の進め方を相談したいのだな、ということが分かり

図表５　説明資料（趣旨紙）の例

機密性２　　　　　　　　　　　　　　　平成28年11月10日
課長相談　　　　　　　　　　　　　　　　　甲野一郎係長

平成28年度××調査結果の公表について（案）

表記の調査結果を、次のように公表したいと考えています。

1　調査結果の概要
(1)　公表資料は、別添の通り。
(2)　概要と特徴は、先日報告したように、次の通り。
　①・・・・・
　②・・・・・

2　今後の段取り
(1)　公表日、11月24日。市長の定例記者会見で。
　そのために、来週中に、市長に説明する必要があります。
　11月21日には、縛り付きで、記者クラブに事前説明。
　これは広報課と調整済み。
(2)　関係者への説明など
　①庁内関係課（A課、B課、C課）
　　市長説明までに説明。
　②議員
　　・・・・・

3　資料
　公表資料＝別添
　①記者配布資料（概要）
　②調査結果（本体）

図表6　悪い説明資料の例

××事業について

・△事業予算と○事業予算を統合し、××事業予算
・新規分を乗せて340万円
・交付対象先をどこまで広げるか

図表7　良い説明資料の例

機密性２　　　　　　　　　　平成28年11月14日
課長報告　　　　　　　　　　××係長甲野一郎

平成29年度××事業予算案について（報告）

１　財政課の担当者と、次のようにほぼ合意できました。
(1) 現行の△事業予算と、新規に要求していた○事業予算を統合し、新しい××事業予算とすること。

(2) 予算額は、現行の300万円に、新規分を乗せて340万円とすること。
　これは要求していた額より10万円査定されていますが、全体を節約することで、大丈夫です。

２　残る課題
　新規要求している○事業のうち、交付対象先をどこまで広げるかについて、なお議論が残っています。
　当方の案　a、b、c、dまで
　査定案　　a、b、cまで

３　今後の段取り
(1) 11月21日　上の２について、課長折衝の予定。
(2) 市長には、財政課から報告の予定。

ます。

■1枚にまとめる

上司に説明する際の趣旨紙を例に、文書の作り方の要点をお示ししましょう。

①1枚に収める

報告や相談の文書は、1枚に収めることが基本です。特に、忙しい上司に読んでもらう場合は、鉄則です。それ以上の記述が必要だったら、別紙にして2枚目以降に付けてください。1枚に入り切らない文章だったら、それはあなたのまとめ方が悪いのです。

英国の首相チャーチルが、部下に対して書類での報告を義務付け、しかも報告の内容は必ず1ページ以内に収めるよう命じたことは有名です。

②結論を先に書く

まず、何をしたいのか、結論を先に書いてください。あなたは上司に対して、外から得た情報を報告するのか、課題××について対処案を考えたので相談したいのか。それが分かるように書いてください。それも、3行程度が望ましいです。

次に、報告や検討案の要点を書いてください。それも、要点だけで結構です。詳しく説明したいのなら、2枚目以降に付けてください。

新聞の記事は、見出しと最初の3行で、内容が分かるように書かれています。そしてその後ろに順次、説明の文章を付け加えていきます。だから紙面の都合で、その記事の分量を減らさなければならない場合は、記事の後ろから文章を削っていきます。その場合でも、最も伝えたいことは最初に書いてあるので、読んで分かるのです。

職員が持って来る文書を読んでいると、組み立て方が逆になっているものに、しばしば出くわします。まずこれまでの経緯が書いてあり、次に検討の過程が書かれていて、最後に結論が来ます。これは、文書を作った職員の思考過程の順に、並んでいるからです。それは、読む人の立場になっていません。

③日付、機密の扱い、説明相手と目的、作成者を書く

紙の左上には、機密性が「2」（部内限り）なのか、直ちに公表してよいものかを書きます。公表まで部内限りなら、その旨を書きましょう。これは分かりやすいかどうかではなく、文書作成者の義務です。

右上には、作成した、あるいは説明する年月日を書きます。これも必須です。どのような資料でも、1回使って終わりというものは少ないです。だんだん手直しされるので、同じような資料が何種類もできます。後で読んだときに、いつのものだったか分かるようにしておきます。

この資料は誰に説明するためのものなのかを、左上2行目に書きます。次官である私のところに来る資料だと、大臣に了解を得るための準備なら「大臣ご相談（案）」と、大臣に報告するものなら「大臣ご報告（案）」と書かれてあります。それを見ただけで、私はこれが私にではなく、大臣に説明する資料であることが分かります。私への相談か報告なら「次官相談」「次官報告」と書かれています。

右上2行目には、作成した者、あるいは係や課の名前を書いてください。資料を作

った本人は自分で作ったので自明のことですが、受け取った相手は、1日にいろんな人から、さまざまな資料をもらっています。後で、「これ、誰が作ってくれたんだっけ」ということにならないようにです。

④内容を表す表題を考える

役所の文書には、表題（標題）は付いています。ただし問題は、その表題を見ても内容が分からないことです。

例えば、「A地区公民館について」という表題について、考えてみましょう。これでは、公民館の何が問題なのか分かりません。「A地区公民館建て替えについて」になると少し分かってきますが、その検討内容なのか、設計ができたのか、工事が完成したのかが分かりません。

「A地区公民館建て替え基本設計について」で、ようやく基本設計についてであることが分かります。しかしこれでも、これから基本設計に入るのか、設計ができた報告なのかが分かりません。

「A地区公民館建て替え基本設計案（協議）」なら、これから設計に入るのだということが分かり、「A地区公民館建て替え基本設計の完了報告」だと、設計ができて報告してくれるんだなということが分かります。

後で見る場合や文書件名を整理する際、「A地区公民館について」というような表題を付けておくと、同じような文書がたくさん出てきて、お手上げになりますよ。

⑤文字は大きく

パソコンが普及したので、多くの書類はワープロソフトで書かれています。読みにくい手書きの文字はなくなりました。問題は、小さい活字で書かれた書類があることです。年を取ると、細かい字は読みづらいです。そして多くの場合、上司はあなたより年を取っています。

私は、12ポイント活字を最小にしていて、部下にはそれより大きな活字を要求します。10・5ポイント活字は、嫌がらせとしか思えません。

また、1枚に詰め込もうとして行間を詰めている書類も、困ったものです。読みにくていけません。

さて、このような観点で、図表5（98ページ）と図表7（99ページ）をもう一度見てください。

第9講の教訓

上司に説明する際には、出来上がった成果物の前に、課長に相談あるいは報告したい趣旨と今後の進め方を書いた趣旨紙を付けましょう。

渡しただけで上司が読めば分かるのが、良い説明資料です。

趣旨紙は1枚に収め、結論を先に書きましょう。日付と作成者名は必須です。

読んでもらえる文章

今回は、文章の書き方のこつをお教えしましょう。

■読みやすい文章

読みやすい文章の鉄則をお示しします。

①文章は短く

まず、一つの文章を短くします。一つの文章は3行までです。それ以上の場合は、句点（。）で区切って、二つの文章にしましょう。

②一文に荷物は一つ

一つの文章には、主語と動詞を一つずつにしてください。一つの文章で言いたいこと（荷物）は、一つにしてください。荷物が幾つも入っていると、理解しにくくて困ります。「一つの文章は3行まで」を守ろうとすると、一つの文章にたくさんの荷物は入れられないでしょう。

逆接の接続詞「が」は、最悪です。私は書かれた文章を読みつつ、「B＋CはDです」と理解します。なるほどと思って進むと、「が、よく考えるとB＋CはEなのです」と書いてあります。おいおい。

これが議会答弁案だと、最悪ですね。そのまま読み上げると、胸を張って「D」ですと言い切った後で、「でも、Eでした」と訂正しているようで、恥をかきます。

③主語は最初に

主語は最初に書いてください。そして主語の前には、修飾語を長々と付けないでください。

「昨年開催した××会の評判を考慮して開催する今年の××会の改良点は……」なんて書かずに、「今年の××会は、次の点を改良します。これは、昨年の評判（別紙）を考慮して改良するものです」と書きましょう。

④箇条書きを使う

一つの文章に荷物をたくさん載せなければならない場合は、主文と箇条書きに分けましょう。例えば「これには、関係者の合意を得ることが難しいと予想されるとか、総事業費がいくらになるか不明であることとか、完成までにどれくらいの期間がかかるか予想しにくいといった問題点がある」という文章は、次のようにします。

これには、次のような問題点がある。
1. 関係者の合意を得ることが難しいこと
2. 総事業費がいくらになるか不明であること
3. 完成までにどれくらいの期間がかかるか予想しにくいこと

というように、問題点を箇条書きにするのです。箇条書きの場合も、それぞれの頭に○を付けるのではなく、番号を振った方が説明の際に分かりやすいです。「丸の二つ目ですが……」と言わずに、「2番目の事業費の見込みですが……」と言った方が、間違いがないです。

⑤項目は三つまで

1枚の紙に入れる項目は、三つまでにしましょう。

人間の脳は、1、2、3の次は「たくさん」だそうです。漢字だって、一、二、三の次は横棒が4本ではなくなります。ローマ数字も、Ⅰ、Ⅱ、Ⅲの次は縦棒が4本ではありません。手の指は5本あるのですが、人間の頭の中での数の基本形は、3までのようです。3を超えると、あとは「たくさん」なのです。

しかも、上司の頭のカウンターは、1、2、3の次は、0です。四つ以上書くと、一つも二つも残らず、0に戻ります。あなたの苦労と上司の理解は、比例しません。それどころか、全く無駄になります。「聞いているときは分かっているが、聞き終わると何も頭に残らない」というのが、正確でしょう。

四つ以上になるときは、どうするか。そのときは大きな見出しを三つにし、その中に小見出しを作ります（鋭い読者はここで、「この項目は7番目まであります」と指摘するでしょう。でも、この文章は読み物ですからね）。

⑥家族が分かる文章を

書いた文章は、何度か読み返しましょう。そして、これ以上削減できないところまで、削ってみましょう。

職場で書く文章は、芥川賞やノーベル文学賞を狙うものではありません。誰でも読んで分かる、平易な文章が良いのです。新聞記事は、中学生や高校生が読んでも分かるように書かれています。

私はとんでもない文章が出てきたら、「これを、あんたの妻（夫）か、両親に読んでもらえ。それで分かってもらえたら、私も了解する」と言って差し戻します。誰か別の人に読んでもらうと、間違いや分かりにくいところを指摘してもらえます。

もう一つ、分かりやすい文章を書く方法があります。それは、あなたの文章を、英語に訳してみるのです。するとどうしても、主語と述語と目的語を考えることになります。あなたの英会話能力が優れていなくても、いえ優れていない方が「分かりやすい文章にする」には良いのです（失礼）。

住民が読んで分からない文章は、公用文としては役に立ちません。また、自分の家族ですら読んで分からない文章を、議員さんや記者たちにどうして理解してもらえるでしょうか。あなたに文才があるのなら、それは別の場所で使いましょう。

⑦電子メールは要注意

電子メールの文章は、要注意です。頭に浮かんだままを打ち込むと、冗長な、それでいて何を言いたいのか分からない文章になっていますよ。どうも人間は、パソコンの画面の文章は見落とすことがあるようです。重要な内容なら、一度印刷して読み直してから送りましょう。

ところで、送り先も要注意です。例えば、ある課や部のメールアドレス一覧から、送りたい人Ｆ・Ａさんのメールアドレスを選ぶ場合です。Ｆ・Ａさんを選んだつもりが、同じ名字の別のＦ・Ｂさんを選んだり、ひどい場合はその課や部の全員に送ってしまったりする場合があります。便利なだけに、危険も大きいです。あなたの職場でも、「取り消し」のお詫びメールが送られてきたことはありませんか。

■役人言葉を使わない

どうして公務員は、まあこんなに分かりにくい言葉を、使いたがるのでしょう。「適切に対処する」「整備の推進を図る」など。「所要の措置」「積極的に検討」「体制整備」「鋭意検討」「高度化」も。これらの言葉が出てくると、何かうさんくさいですよね。外野席からヤジが飛んできそうです。「やるのか、やらないのか。ハッキリしてよ」と。

「体制」「整備」「措置」「対処」「適切」で、具体的内容が分かる人がいたら、天才です。「推進を図ら」なくても、単に「進め」ればよいのです。たいていの場合、「図る」は削除しても文章は通じます。

こんな言葉を記者会見や議会の答弁で使ったら、「この課長は、部下が書いた資料を読んでいるな」とバレてしまいます。信頼を得るためには、普段の会話で使っている言葉を使いましょう。

ここでも、相手に通じるかどうかの試験紙は、あなたの家族に通じるかどうかであり、英語に訳してみることです。「図る」は、何と英訳しますか。漢語で分かったような気にならずに、一度、大和言葉や日常会話の単語に直してみましょう。すると、言いたい内容が明確になります。

カタカナ英語も危ないですね。インセンティブ、スキーム、フォローする、アカウンタビリティー、コンプライアンス、アウトソーシング、××センター……。このような言葉を使って、横文字に詳しいところをひけらかしたいのでしょうが、住民に通じますかね。このようなカタカナ発音では、英語圏の人に通じるかも怪しいですね。

付け加えれば、これらの言葉に困るのは、英語圏以外の人です。アジアの人やロシアの人にとって、日本語を勉強する際に困るのが、カタカナ英語、外来語だそうです。分からない単語なので辞書を引きますが、辞書に載っていないので、お手上げなのです。国語辞典に載っている単語を、使うようにしましょう。載っていない新語なら、注を付けて解説することが必要です。国際化が進み、日本語を母語としない住民も増えています。役所内で通じる言葉でなく、日本語を習った外国人にも分かりやすい日本語を使いましょう。

これまでに挙げた「1枚にまとめる」「読みやすい文章」「役人言葉を使わない」は、読む側の立場に立った注意点です。相手の立場に立ってみる。これが仕事の基本です。せっかく考えて作った案です。良い説明資料に仕立て上げて、上司にも住民にもスカッと理解してもらいましょう。

■別添資料の作り方

別添資料の作り方についても、注意点を書いておきましょう。

なるべく出来合いの資料を利用して、楽をしましょう。しかし、上司を説得するためだったら、それなりに分かりやすいものに作り替える必要があります。例えば、過去20年間の数値の推移を見るときには、次のような選択肢があります。

①20年間の数値を各年すべて並べる
②5年ごとの数字をとって傾向を見る
③20年前の数値と最近の数値を比べて伸び率を見る

どれを使うかは、その使用目的によって違います。20年間で何倍になったのかを説明する際に、①のように数字をすべて並べたら、見にくくて仕方ありません。

■技巧を凝らし過ぎた資料は見にくい

ところで、パソコンのソフトが発達して、図表も簡単に作ることができるようになりました。これは進歩です。ところが職員の中には、その技術を駆使して、やたらと「高度な」資料を作ってくれる人がいます。その資料を作った本人はかなり時間をかけて、時には残業までして苦労して作ったのでしょう。しかし、説明を受ける側の私から見ると、技巧を駆使したばかりに、かえって読みづらいものもあります。

例えば、さまざまな書体の活字が使われ、文字の色をカラフルに変えてあります。

各項目は枠に囲まれ、それぞれの背景が違った色に塗られています。そしてそれらの間を矢印がつないでいます。しかし、背景の色が濃過ぎたり、文字の色が何種類もあるのは、読みにくいですね。目に優しくありません。ビジュアル重視で視覚に訴えることは、長々と文章を書き連ねるより良いことです。しかし、技巧に走り過ぎると、逆効果です。シンプル・イズ・ベスト。あなたの自己満足より、上司の読みやすさを優先してください。あなたも楽ができます。

ところで、私は、「パワーポイント」（会議や講演で説明の際に使う、資料を幕に映し出したりできるコンピューターのソフト）で作った書類が嫌いです。理由は、紙を横長に使うのは人間工学に反するからです。

パワーポイントの多くはA４の紙を横長に使い、書かれた文章も横書きです。これは、読みにくいです。１行の文章が長くて、それから折り返されます。和書でも洋書でも、紙は縦長に使います。横長の本は、子どもの絵本か図画の教科書くらいでしょう。本屋で、横長の本を探してみてください。手紙でも役所の公式文書でも、横長はまず見ません。

また、パワーポイントは、1枚当たりの情報量が少ないのです。紙を横長に使って横書きにすると、箇条書きにする際の項目数が少なくなります。図表や絵なら、横長も理解できます。しかし、文章が入った説明資料は、用紙を縦長に使うことがお勧めです。

■目次を付ける

別添資料が、複数の枚数になることも多いでしょう。その場合は、通しページを付けることが常識です。「5ページをご覧ください」と説明できるようにです。そして、表紙に目次を付けてください。幾つかの資料を付ける場合は、それぞれに資料番号を付けましょう。

大部な資料の場合は、概要を1枚にまとめて、その印刷物や資料の前に付けてください。50ページにもなる報告書案を机にどんと置かれても、課長も困ります。「おいおい、今ここで全部を読めというのかい」。

もう少し報告書の内容を説明したいのなら、3枚程度の概要版を作りましょう。新聞記者を含めて多くの人への説明の際には、50ページの印刷物本体より、概要版の方が役に立つでしょう。あなたも分厚い資料をもらったら、「概要があればよいのに」と思うでしょう。

また上司に説明する際、幾つかの用件がある場合は、複数の説明資料の前に、さらに1枚、きょうの議題の一覧を紙にして付けます。きょうはこれだけの議題を議論するという全体像を、最初に理解してもらうためです。

料理の場合も、献立表（メニュー）を示してもらわないと、全体像が分かりません。次々とおいしい料理が出てくるのはいいのですが、途中でお腹いっぱいになり、「まだ出てくるの。あと何皿あるのですか」と聞く羽目になるのは、いただけません。しかも、たっぷり食べた後（たくさん説明を聞いた後）に、メインディッシュが出てくると、困りますよね。「しまった。これならさっきの料理は残すんだった（先ほどの議題はあんなに時間をかけるんじゃなかった）」。

説明の際も同じで、二つ議題を済ませたと思ったら、もう1種類資料が出てきたりして、「まだあるんかいな」とうんざりします。

最初に全体像が分かると、上司もありがたいです。

以上、上司に上げる説明資料の作り方をお教えしました。これだけ注意して作れば、自信を持って、説明に臨みましょう。

■決裁文書は保存を考える

さて、上司の了解が得られた後の処理も重要です。

定例の書類以外は、決裁の前に上司に説明をして了解を得てから、決裁に回すことも多いでしょう。正式に意思決定した証しを残すために、了解を得た内容でも決裁の形を取りましょう。あるいは説明した資料の表紙に、「○年○月○日、市長に説明し、了解済み」と、赤い文字で書き込んでおきましょう。

その際は、本文はペンで書くことが常識です。鉛筆書きは消して修正できるので、意思決定文書としては失格です。また、書類はひもで綴じることが常識です。ダブルクリップなどで留めてある場合があります。そのような場合に、私は「あんた、私の決裁をもらった後、資料を差し替えますと意思表示しているようなものやで」と、嫌みを言い、いえ優しく指導して、ひもで綴じて出直してもらいます。簡単な書類はホチキス留めでもいいのでしょうが、針がすぐに錆びてしまい、保存には適しません。ひもやホチキスで綴じてあっても、差し替えようとすればできます。しかし、一件の文書であることの体裁を整え、むやみな差し替えはしないという心構えを示すことが重要なのです。もちろん、上司の了解無しに、勝手に文書を差し替えてはいけません。

第10講の教訓

文章は短く、一つの文章に一つの内容を書きましょう。
役人言葉は使わず、家族が読んでも分かる平易な文章を書きましょう。
資料にはページを打ち、目次を付けましょう。
一件書類は綴じます。

第4章

楽々資料整理術

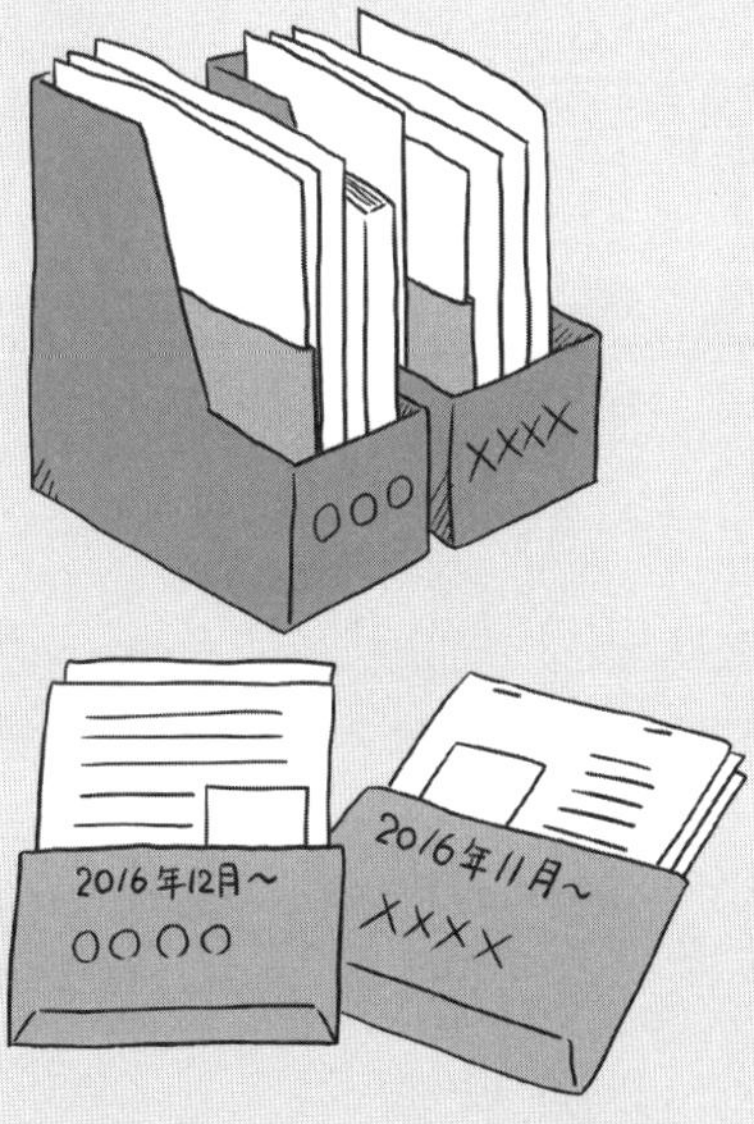

書類の山に埋もれるな

今回からは、資料整理のこつをお教えします。必要な資料が見つからないことは、よくあることです。時間が無駄になるだけでなく、イライラします。効率よく仕事をするために、資料整理は重要です。

■書類の山は化石になる

あなたの周りに、机の上が書類の山になっている職員はいませんか。そんな職員は、机の下にもたくさん資料を隠しています。書類が多いほど、仕事をしているように見えるからでしょうか、単に片付け方が悪いだけでしょうか。どうせ、積まれた山の下敷きになった書類は、黄色く日焼けして、「化石」となっているでしょう。

こんな環境で、良い仕事ができるとは思えません。仕事に取り掛かる際に、「おかしいなあ、確かここにあったはずなんだけど」と、探すのに時間を取られてしまいます。探しているうちに、全然別の資料を見つけて、読みふけってしまうこともあります。また、良い考えは、良い気分のときに出てくるもので、良い気分は、良い環境から生まれます。

■電子データはくせもの

最近は、資料が電子データとして、パソコンに保存されることも増えました。これが、くせものです。書類の山を築かなくても、各人のパソコンの中あるいは共有フォルダーの中に、膨大な資料が蓄積されます。山積みの形が見えないだけに、余計に厄介です。

しかも、表題だけでは内容が分からないことも多く、ファイルを開いて内容を確認していると時間がかかります。パソコンで、簡単に文書が作れるようになったので、修正を加えていくと、同じような文書がたくさん保管されることになります。「どれが最終版だっけ」と、悩んでいるうちに時間が過ぎます。

紙の文書であっても電子文書であっても、お目当ての資料を素早く探し出すことは、仕事を効率的に進めるために必須です。

■仕事のできる人は資料整理の上手な人

仕事ができる人は、必要な情報がすぐに出てくる人です。

記憶が良い人には、2種類の人がいるようです。

一人は、何でもかんでも、覚えることができる人です。頭の中にとても大きな収納箱を持っていて、その中から必要なものを取り出せます。天才は、いろんな情報を苦もなく覚えて、すぐに引き出せるのでしょう。しかし、多くの人はそうはいきません。

もう一人は、情報の整理が良くて、すぐに取り出せる人です。たんすの引き出しに、きれいに分類してしまってある人です。頭の中とともに、資料も整理されていて、そこに情報を分類収納し、必要なときにすぐに出てきます。

資料の保管と整理も、頭の中の延長です。資料整理が上手な人は、頭の中での整理も上手な人なのでしょう。頭の中の記憶機能は、訓練で少しは向上させることができます。しかし、限界があります。そこで、資料として保管して、必要なときに取り出せるようにすることが重要になります。

■資料は頭の延長

私は、若い頃は、記憶力が良いと自信を持っていました。悔しいですが、年を取ると衰えました。もちろん、年齢とともに記憶力が悪くなったのでしょう。しかし、職位が上がっていくとともに、入ってくる情報の量と種類が激増したという条件変化もあると思います。

地方交付税の仕事をしていたときは、交付税の仕組みと歴史、地方財政の仕組みと現状を覚えていて、各県や主要な市町村の財政状況を知っていれば、仕事ができました。しかし、県の総務部長、総務省の総務課長、内閣府官房審議官と職位が上がるに従って、知っていなければならない情報の範囲が大きく広がりました。それも、以前とはまったく違う分野です。復興の仕事に就いてからも、扱う情報の種類が広がりました。岩手県、宮城県、福島県の各市町村の被災の状況、インフラ復旧と産業再生とコミュニティー再建と……、さまざまな分野のすごい量の情報が入ってきます。そして、どんどん変化していきます。とても覚え切れません。

あなたも、今は与えられた一つの分野の仕事に集中できていますが、将来出世したら、私やあなたの上司と同じ悩みを持つでしょう。

私はあるときから、自分の脳の記憶に頼ることを諦めました。外部の補助記録装置を使うのです。私の補助装置は二つあります。一つは、資料として残し、必要なときにそれを取り出すことです。もう一つは、関連情報を知っている人を覚えておき、必要なときにその人に聞くことです。

■文書管理規則までの資料整理

職場には文書管理規則があり、文書分類表や保管年限なども決められているでしょう。また、文書管理システムが導入されています。問題なのは、そこに至るまでの、あなたが作りつつある資料の整理術です。

職場によっては、文書分類表に従って、最初から書類を整理できるところもあります。例えば、会計課や各種の申請を受け付けて処理する部署です。作成すべき書類が決まっていて、職場の関係者が共有して使うことになります。それらと違い、あなたが新しい課題を考えている場合や、作業のためにもらった関係書類の整理が難しいのです。文書分類表に載るまでの資料の整理が、課題なのです。

なぜ、職場の文書分類表が、役に立たないのか。職場にある文書分類表は、役所全体から見た割り付け方式になっています。それは、住民を含め他人が探しやすいようにできています。いってみれば、図書館にある日本十進分類法です。しかし、そのうちほとんどの区分が、あなたの仕事に関係ないでしょう。この分類では、あなたが毎日扱っている資料の分類としては、不便なのです。

作りつつある文書は、生き物です。博物館にある標本のように、「死んだもの」（出来上がった文書）の分類ではありません。日々生まれて、増えていきます。それも、文書分類表を無視して、好き勝手に増殖します。作りかけている書類を、仕事がはかどるように整理するには、別の分類方法が必要です。

■減らすことと分類すること

資料の整理術については、たくさんの本があります。あなたも、自己流の整理術をお持ちでしょう。ここでお話しするのは、岡本流の整理術です。どの方法が正しいというものではなく、どれがあなたに適しているかです。

紙であれ電子媒体であれ、資料は、頭の中で覚え切れないものを記録しておく外部補助記録装置です。そこにも、情報を書き込む機能（記録）と、その情報を読み出す機能（探し出し）の二つが必要です。保存しただけでは意味がなく、素早く探し出せないと価値がありません。

膨大な情報からお目当てのものを探すには、二つの方法があります。一つは含まれている単語（キーワード）で検索する方法です。グーグルなどのインターネットの検索エンジンを思い浮かべてください。体力任せで、すべての資料をめくってキーワードが含まれている資料を探し出します。コンピューターや記憶力の優れた人にはできますが、私たち凡人には向いていません。もう一つは、資料を分類して、その分類から探し出すことです。多くの人には、この方法がよいでしょう。

補助記録装置である紙や電子媒体は、空間やコンピューターの容量があれば、いくらでも増やすことができます。しかし、たくさん保存すると、場所を取るだけでなく、探し出すことが困難になります。素早い読み出しのためには、まずは「記録量を減らすこと」が必要です。次に、残ったものを「引き出しやすい分類にすること」が必要です。

■資料整理は減らすことから

資料整理の1番目は、減らすことです。

あなたの役所で、1年間に購入している用紙の枚数を、会計課に聞いてみてください。それを職員数で割ると、1人当たりの年間使用枚数が出ます。びっくりするような多さです。それを捨てないでいると、机の周囲は書類の山で埋まります。

1984年、鹿児島県庁の文書課長をしていたときに、庁内の資料整理を敢行しました。本庁舎から出てきた書類の量を、空いた棚の幅や引き出しの長さで測ってもらいました。合計は、20キロメートルを超える量でした。鹿児島の伝統行事である妙円寺詣りで歩く距離と同じくらいだったので、よく覚えています。

紙文書であっても電子資料であっても、すぐに大量にたまります。犯人は、コピー機とパソコンです。

昔は、コピー機も、パソコンも、プリンターもありませんでした。だから、資料をたくさんつくることはできません。印刷に出すしかなく、あとは手書きでした。

それでも、仕事はちゃんと進み、資料は今より大切に扱われていたように思います。簡単に作ることができるようになり、簡単に複製できるようになって、資料があふれるようになりました。それを考えると、今大量に配られる複製文書は、手元になくても仕事に支障はないはずです。

私は、もらった資料は、必要なものを残して関係者に返します。そうしないと、1日だけでもとんでもない量の紙がたまるのです。担当者が持っているなら、私が持たなくても、支障ありません。コピー機が普及するまでの上司は、資料をほとんど持っていなかったのですから。私が駆け出しの頃の課長や局長は、机にも書類棚にも資料が少なく、きれいなものでした。

■原本を残して返すか捨てる

あなたが作った資料なら、書類の原本だけを残して、残りは整理してください。参考にもらった資料は、返却するか捨てるかしましょう。原本を作成者本人が保存していますから、大丈夫です。

電子メールに、添付ファイルで分厚い資料が付いてくることがあります。紙文書の削減に貢献しています。しかし、それを印刷しては、資料削減につながりません。たいていのものは読めば済む、それも要点だけを読めば済みます。私は目を通す必要があるものは、職員が持っている紙文書を借りて読み、読んだら返却します。電子メールでのやりとりも、公的に残す必要があるものと最新のものとを残して、以前のものは削除しましょう。

資料は、すぐにたまります。毎日不要な資料を整理することを心掛けていても、です。そこで、1週間に1度は、改めて掃除をする必要があります。

ただし、保存するべき資料を捨ててはいけません。あなたが作った文書の原本、他の組織との公的なやりとり、経過として残さなければならないやりとりや資料などです。これらは、公文書としてきちんと保管します。あなたの机の上や個人のパソコンに置いておけばよいのではなく、共有できるようにしなければなりません。減らすことには、捨てることと、分別してしかるべき所に保管することの二つがあります。

第11講の教訓

資料整理の上手な人が、仕事のできる人です。

資料整理の第一は、不要な書類を見極め、減らすこと。

資料整理の第二は、すぐ出てくるように分類すること。

あなたが作業中の資料の分類は、職場の文書分類表とは一致しません。

コラム

■コピー機がなかったころ

私が公務員になった当初は、コピーも経費が掛かるので、印刷する枚数を制約されていました。各課に1台あるキーカウンターをコピー機に差し込まないと、複写できなかったのです。キーカウンターは、たばこの箱くらいの大きさで、複写した枚数が出ます。庶務係長の席に置いてあり、使うには無言の圧力がありました。コンビニで有料コピー機を使うと思ってください。1枚コピーすると、10円ずつ落ちるような気分です。

さらに、私が勤める前は、今のような複写機がなく、青焼き（透明な紙に書いて日光写真のように焼き付ける機械）か謄写版（ロウを塗った紙に鉄筆で字を書いて版画のように印刷する機械）で、多くはカーボン紙を挟んで力を入れて書いていたようです。このような条件だと、たくさんの資料はできません。まずワープロ、そしてパソコンが導入され、各職員が簡単に資料を作るようになったのは、ついこの20年間のことです。

紙資料の分類と保管

資料整理の2番目は、分類です。今回はまず、紙資料について説明します。

■半封筒による整理

出来あがった資料でなく、作成途上の資料の分類と保管術が、資料整理の「肝」です。この上手下手が、仕事の能率を左右します。

私は、資料を分類するために、項目ごとに半封筒を作ります。これは、使用済みの封筒（A4判が入る大きさ）を、上から半分のところで切ったものです。下半分が袋になり、A4判の資料が入ります。中に入れた資料は、上半分が半封筒から出ていて、すぐに取り出せます。半封筒には、作った年月日と題名とを、大きく書いておきます。

封筒の表には、差し出し先の組織の名前が印刷されているので、無地の裏に書きます。プラスチック製のクリアファイル（透明の紙挟み）に入れて、分類している職員もいるでしょう。しかし、中の書類が取り出しにくいですし、たくさんの資料が入りません。また、題名や日付を書きにくいでしょう。私は分厚い資料を持たないので、半封筒で済みますが、分厚い資料を使う職員の場合は、紙ばさみ（ファイル）に綴じるでしょう。

半封筒の中に入れる資料は、古いものから順に入れるので、表からは、新しい順に並びます。もちろん各資料には表題を付けてあって、右上に日付を入れてあります。仕事が進むたびに職員が持って来てくれるので、同じような資料がたまります。新しい書類をもらったら、過去の資料を職員にお下げ渡しします。これで、同じような資料を持たなくて済みます。

私は職員が説明に来てくれると、関係の半封筒を出して議論に入ります。パソコンに電子データで保管していることに比べ、すぐに出てくるのが、半封筒に紙で保管していることの便利なところです。

これら半封筒を棚に保管する場合は、ファイルボックスを使います。半封筒を幾つか立てて入れておく、幅10センチほどの背の低い紙製の箱です。関係する半封筒を幾つかまとめて、一つの箱に入れます（本章扉のイラストを見てください）。

■資料の分類があなたの仕事の分類

半封筒の分類が、ミソです。第5講で、することを書き出して一覧表を作るとお教えしました。その「すること」の項目と、これら半封筒の表題は、つながっているはずです。半封筒の分類は、あなたが今取り組んでいる仕事や関心事項の分類が、外に表れたものです。それは、職場の文書分類とは、一致しません。職場の文書分類表は職場の内外の人と共有するための割り付けルールであるのに対し、あなたの半封筒＝すること一覧は、あなた自身の必要に応じた積み上げげでできていきます。

半封筒に書いた表題が、あなたが取り組んでいる当面の仕事であって、それぞれの表題と「すること一覧表」が情報読み出し術です。

この半封筒の分類が、あなたの仕事の能率を上げます。今取り組んでいる複数の仕事の分類と体系が、半封筒で見えるようになるのです。

■半封筒は仕事の分量を表わす

仕事が進むに従って、資料は増えていきます。半封筒の中の資料がある程度たまった場合の対処には、二つの方法があります。

一つは、同じ名前の半封筒を作り、新しい日付を打って「その2」とします。もう一つは、その半封筒を捨て、内容を分けて二つの半封筒を作ることです。例えば「予算要求資料」という半封筒を作って、関連資料を入れておきます。そのうちに、たくさんの文書がたまります。そうしたら、総括的資料を入れる半封筒「予算要求資料、総括」と、幾つかの各論資料を入れる半封筒「予算要求資料、××関係」を作るのです。

すると、半封筒はあなたの仕事の分類を表すとともに、あなたが取り組んでいる仕事の分量をも表わしているのです。

■完璧は目指さない

もっとも、どんなに上手に分類しても、完璧に分類することはできません。

一つの書類が、二つ以上の項目にまたがることも、しばしば出てきます。例えば、「産業再生」と「企業との協働」は、別の項目で別の半封筒にしてあります。しかし、大手企業に協力してもらう被災地企業の再生支援は、どちらに入れるのか。もう一つ新しい半封筒を作ることも一つの方法ですが、これを続けると分類が多くなり過ぎます。分類が増え過ぎると、かえって分かりにくくなります。どちらに入れるか、決めなければなりません。

分類できない資料もあります。一つの半封筒を作るまでもない資料です。

私は、「雑件」という半封筒を作っています。それも二つあって、「当面処理する案件」と「そのほか」とに分けて入れます。前者には、「当面すること一覧」という一覧表が付いていて、それを見て急ぎのものの処理に取り掛かります。

完璧を目指すことは、諦めましょう。作業中の仕事や作成途上の文書は、「生き物」です。分類も変化するのは、仕方ありません。

随時、それらの半封筒を見直す必要があります。次々と資料を入れていくと、よく似た資料がたまります。古いものは捨てます。

また、半封筒の項目が古くなることもあります。その案件が終了したり、一段落したりした場合です。そうしたら、共用の書類や公文書として保管するものを定めに従って保管し、その他は捨てましょう。勉強や記念に取っておく資料なら、そのような保管場所に移しましょう。

第12講の教訓

紙資料は、見える形で分類・保管しましょう。例えば、半封筒が便利です。

資料の分類があなたの仕事の分類です。

作成中の文書は生き物です。完璧な分類は諦めましょう。

第13講

電子データの分類と保管

今回は、電子データの整理についてお話ししましょう。

■電子データは整理が難しい

電子文書の整理と保管も、基本は紙文書と同じです。まずは減らす、そして分類する、です。しかし、紙文書より電子文書の整理は難しいです。

電子文書の利点は、加筆が簡単なこと、複製が簡単なこと、配布や共有が簡単なこと、保管が簡単なことです。それが、文書整理の際に、短所に早変わりします。すなわち、どこが変わったか分からない同じような資料がたくさんできること、いろんな人から資料をもらうこと、どんどんたまることです。そして、その状態が、外から見えないのです。

まず、減らすことについてです。

机の上に書類が山積みになっていると、見た目にも汚いので整理しようという気になります。しかし、電子データだと外から見えないので、どれだけたまっているか分かりません。個人のパソコンにたくさん書類を保管させないために、各人に割り当てる記憶容量を小さくしている会社もあるそうです。

電子メールも、古いものを捨てないと、どんどんたまります。しかもたちが悪いのは、やりとりをそのまま残して、返送してくれる場合です。数回やりとりすると、とても長い文面になります。私は、過去のやりとりは、必要な部分以外は削除して、返送することにしています。

■年月日と識別できる表題を付ける

次は、分類の工夫についてです。

電子データにすると、資料を探し出すことは簡単になります。キーワードで、文書

（ファイル）を検索できるからです。しかし、古いファイルを捨てないと、検索した際に、同じような文書がたくさん出てきます。

すぐに引き出せるように、各ファイルには、分かりやすい表題を付けておきます。特に、文章でない図表（エクセルで作った表、パワーポイントで作ったポンチ絵）は、良い表題を付けておかないと、検索に手間取ります。

表題の前に作成年月日を付けておくと便利です。どれが一番新しいかが分かるのです。そして、パソコンが自動的に年月日順に並べてくれます。

電子文書は、書き換えていくたびに、同じ表題の文書が増えていきます。経緯として残す必要があるもの以外は、捨てましょう。古くても残すものは、別の名前を付けておきましょう。例えば「××、課長説明での修正」などです。「××関係、過去の資料」というフォルダーを作っている人もいます。

■フォルダーによる分類保管

保管整理には、半封筒の代わりに、フォルダー（書類ばさみ）を使います。パソコンのデスクトップに、たくさんのファイル（文書）を並べている職員がいます。これは、紙文書を整理せずに積み上げてあるのと同じ状態ですね。

保存するデータは、テーマごとにフォルダーを作って、関係ファイルをそこに入れましょう。このフォルダーが、紙資料の場合の半封筒になります。この各フォルダーにも、作った年月日を入れておきます。その日以降も、ファイル形式の資料が追加されますが、いつから作ったフォルダーか書いてあると、後で調べる際に便利です。

パソコンでは、キーワードでファイルを簡単に検索できます。では、フォルダーによる分類は不要か。そうではありません。大手の物流業者の倉庫では、さまざまな商品を分類することなく、それを入れた各箱に電子タグを付けて管理しているところもあります。児童書の隣に専門書が並ぶ、時には書籍の隣に衣類が並んでいることもあります。それでも、コンピューターの指示で電子タグを手掛かりに、商品（箱）を直ちに取り出すことができます。少し違いますが、百科事典もそうです。項目の性質に関係なく、アイウエオ順に並んでいます。お目当ての項目を、アイウエオで探し出すのですから。

しかし、私たちの仕事は、そうはいきません。関連する資料を眺めて、考えを練ります。出来上がった資料の保管なら、ばらばらに収納してもよいのですが、作業中の資料は、まとめておく必要があるのです。

しかも、電子データの場合は、フォルダーの中にフォルダーを入れることができます。大分類を作り、その各フォルダーに中分類のフォルダーを入れ、そしてその下に小分類のフォルダーを入れるというようにです。半封筒ではできない系統分類ができます。

■共有文書の管理

次に、共有文書の管理についてです。それも、まだ完結していない作成途中の文書です。

個人が作成している文書の幾つかは、ある段階から、係や課で共有する資料になります。組織で仕事をしているのですから、本人がいないと資料が出てこないようでは困ります。そこで、なるべく早く、共有文書にしなければなりません。

紙文書なら、資料に二つ穴を開けて紙ファイルやプラスチック製のファイルに綴じたり、黒表紙を付けてひもで綴じたりします。背には表題を付けて、棚に並べて誰もが使えるようになっているでしょう。

最近では、電子データにして保管し、共有していることが多いでしょう。電子文書は共有フォルダーに入れることで、共有できます。共有フォルダーの中を、確定文書と作業中文書に分けて管理している組織もあります。

ここからの分類は、文書分類表との整合性を考えなければなりません。定められた文書分類表に合わせる必要があります。しかし、新しい課題に取り組んだ場合は、既存の文書分類にきれいに収まるとは限りません。仕事が完結してから、それを分類する文書分類が作られることもあります。

もう一つは、実物の保管です。紙の場合は綴じて棚に並べてあったり、フォルダーに入れて専用キャビネットに入れて保管されたりしています。本人も、周囲の職員も見ることができます。みんなで監視することで、分類や保管は目に見えました。古い書類は、廃棄されるか公文書館に引き継がれます。

■共有は無責任になる

問題は電子データの保管で、共有フォルダーの中を、誰が管理するかです。関係者が、次々と電子文書を共有フォルダーに入れていくと、どんどんたまります。そして、どんどん古くなります。

紙文書の場合は棚に並んでいるので、誰かが気付いて整理をします。しかし、電子データは外から見えないことと、コンピューターに容量があればたくさんの資料を保管できることから、「管理者不明」の文書が生まれてしまいます。共有フォルダーの中を、減らすことと分類することが、課題になります。

「共有」とは心地よい言葉ですが、裏を返せば誰も責任を持っていない、無責任領域になってしまいます。無政府状態と言ってもよいでしょう。

整理の責任者を決めておくか、整理のルールを決めておくか。定期的に見直さないと、とんでもないことになります。作成者が異動すると、後任者はさらに分からなくなります。捨ててよいものかどうか、その文書の価値や、どのような場面で使うために残してあるのかが分かりません。

よく似たことは、組織のホームページでも起こります。ある年度の予算資料を「××事業関係予算」と載せます。これはこれで正しいのですが、これが3年続くと、三つ並んだ「××事業関係予算」のどれがどの年度の資料なのか、表題だけでは分かりません。各文書に年度を付けるだけでなく、ファイルに作成年月日を付けておきましょう。当該年度の資料以外は、「過去の予算関係資料」のフォルダーを作って移し替えておくことが、効果的です。見やすいし、こうしておくことで、次の担当者も自動的に古くなった資料を移し替えてくれるでしょう。

it's new は、すぐに it's old になります。

■個人の勉強資料

あなたが仕事場で扱う資料には、ここに書いた「仕事の資料」のほかに、「個人で勉強するための資料」があるでしょう。もちろん職務専念義務があり、仕事以外のことに時間を使ってはいけません。趣味の資料を職場で扱ってはいけませんが、仕事関連の資料はたまります。

復興庁で被災者支援を担当しているときに、それに関連して心の健康問題に関する勉強をしたり、ＮＰＯと行政との関係を勉強したりしたとしましょう。広く勉強すると資料は増えますし、仕事そのものと関係が薄くなることもあります。職場の行政資料にはならないけれど、あなたが自分の勉強のために集めた資料です。ある仕事に関わった際に、その分野を深く極めることも重要ですが、広く関係ある分野に裾野を広げることも重要です。それは、推奨されることです。あなたの視野を広げることになり、仕事に役立つこともあります。

それらの資料を、どのように保管し整理するか。私は、新聞記事やパンフレットなど紙資料は、仕事と同じように半封筒に分類します。そして、適宜、自宅に持ち帰ります。自宅の書斎には、ファイルボックスが並んでいて、そこに半封筒を入れておきます。職場と同じです。ただし、職場の行政文書は、基本的に持ち出し禁止です。その点は注意してください。

■自宅での資料整理

私は、それらの資料を基に、広く知ってもらいたいことや、その時々に考えたことで、差し支えないことをホームページに書きます。私のホームページは、私の補助記録装置の一つです。私設ホームページ「岡本全勝のページ」では、系統分類でページを整理しています。目次を見ていただくと、「日記などの記録」「講演と執筆」「地方行財政論」「日本の行政論」「仕事の仕方など」の五つの分類にして、その中に中分類があり、さらに小分類があります。ホームページ作成ソフトのファイル分類も、そのような系統樹になっています。

今ではこのホームページは、記事数が5000本を超えています。紙に印刷すると、2000枚を超える資料です。毎日少しずつ書いていても、15年間続くと、大変な量の記録となっています。日常のつまらない事件から、行政の在り方論や復興の現状報告まで、雑多なものが入っています。系統的に分類しないと、すぐには出てきません。他方で、グーグルによるサイト内検索機能を貼り付けてあり、キーワードからの検索もできるようにしてあります。

目的に応じて、この「読み出し機能」を使い分けます。ある案件について、これまで考えたことを振り返る際には、目次（系統分類）から関係のページを出して読みます。原稿を書くときなどです。他方で、「あの件はどこに書いたかなあ」と、記事が探し出せないときは、キーワード検索を使います。これは、機能的な外部補助記録装置です。場所を取らず、すぐに引き出せます。これを紙で残していたら、とてつもない分量になり、かつどこに何が入っているか分からず、二度と読むことはなかったでしょう。

ホームページに載せないものは、紙資料は半封筒で、電子データはパソコンの別のフォルダーで保管しています。パソコンには、書きかけの原稿のほか、活字になったもの、大学での講義資料、講演資料、思い付いたときに書き留めたアイデアなども保管してあります。そして、講演をしたり、原稿を書いたりするときは、それを引き出して素材にします。もっとも、半封筒に入れた紙資料にしろ、パソコンに保管した電子データにしろ、その多くは時間がたつと捨てられる運命にあります。活用されるのは、印象深く頭に残ったことと、活字になって印刷されたものと、ホームページに載ったものです。

このほか、勉強資料ではない、家を建てたときの資料といった私生活の資料なども、パソコンに入れてあります。皆さんも、家族の写真などをパソコンで保管しておられるでしょう。場所を取らず、取り出しが簡単という機能を活用しましょう。

■自分に合った整理術をつくろう

さて、ここで紹介した文書の整理術は、私の長年の経験でたどり着いたものです。私にとっては、これが最適の方法だと思っています。これ以上の完璧な分類整理を目指すと、整理に時間が取られてしまいます。他方で、これより手を抜くと、資料が見つかりません。その妥協点です。

とはいえ、なかなか思うようにはいかず、執務室の机や棚には、いろんな半封筒が積まれています。自宅の書斎も、資料だけでなく、本が山積みになっていて、とても人さまにお見せできる状態ではありません。時々は意を決して大掃除をするのですが、書類と書籍とホコリは「繁殖力旺盛な生き物」で、すぐにたまります。

一方、パソコンは近年急速に普及し、そして便利になったものです。電子データの整理も、それに合わせて進歩しています。皆さんの職場も、まだ試行錯誤の状態でしょう。それぞれに工夫をし、また上手な人の術を教えてもらいましょう。

第13講の教訓

電子ファイルには、表題の前に作成した年月日を書きます。

電子ファイルは、フォルダーで分類保管します。

電子文書は、紙文書よりたくさんたまります。定期的にパソコンの中を掃除しましょう。

共有フォルダーの中は、無政府状態になりがちです。管理責任者を決め、定期的に大掃除をしましょう。

第5章

よい評価をもらおう

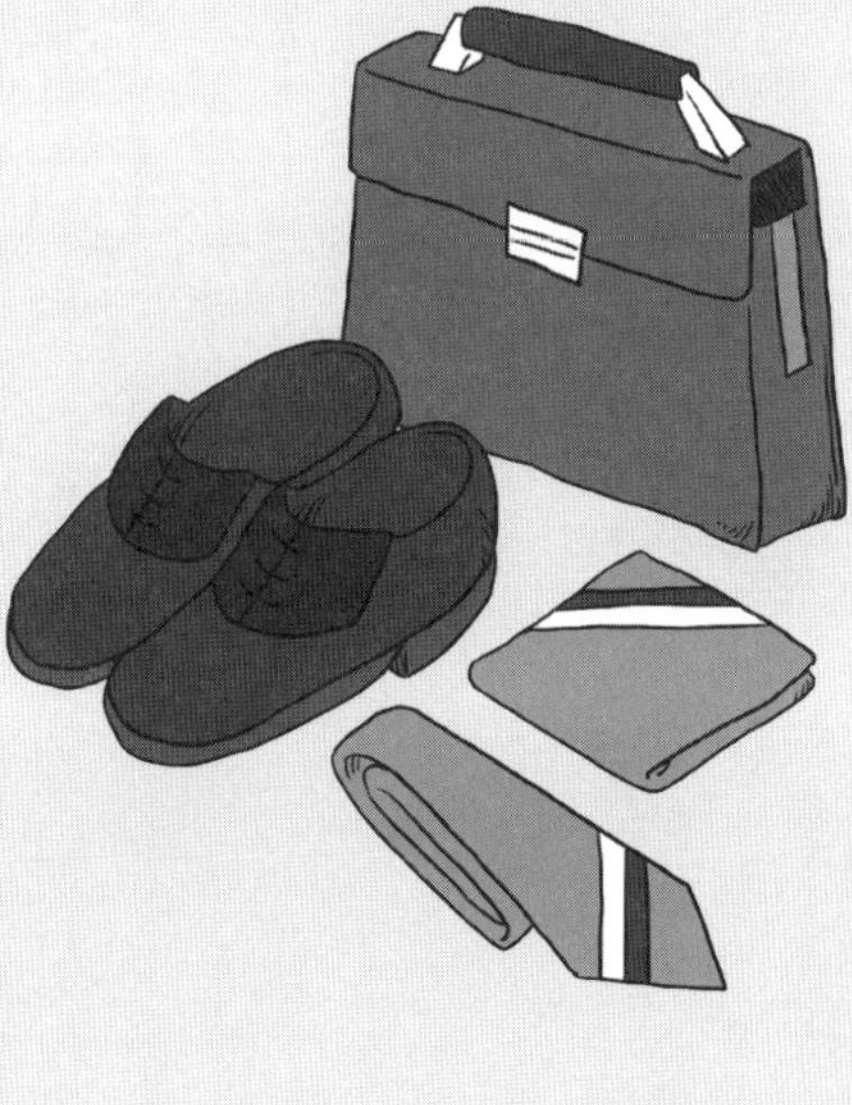

有能な職員への近道

第1講で、明るさが良い評価を得て出世するこつだとお教えしました。しかし、ニコニコしているだけでは、有能な職員にはなれません。資料作成などの術も、お教えしました。しかし、仕事術だけでは、有能な職員にはなれません。

今回は、有能な職員になる近道をお教えしましょう。

■どこで差がつくのか

同じように採用され一緒に仕事をしていても、職員の能力には差がつきます。上司の仕事ぶりを見て、「すごいなあ、あんな人になりたい」と憧れたこともあるでしょう。あるいは後輩を見て、「あいつは出来が悪いなあ」と思ったこともあるでしょう。

どこでその差がつくのか。学生時代は、授業を聞き、教科書や参考書で勉強して、知識と解法を身に付けました。それを期末試験で採点されました。

職場ではどうでしょうか。授業もなければ、教科書もありません。期末試験もありません。幾つも研修はありますが、その成績が能力の差になるわけではありません。日々の仕事ぶりを上司が評価して、期末勤勉手当に差がつき、出世に差がつくのです。

定型的な業務の職場では、執務要領やマニュアルがあり、それが教科書と言えます。また、各期ごとの人事評価が採点です。しかし、あなたの仕事は定型的なものばかりではなく、さらに、出世するにつれて、これまでにない仕事も増えてきます。ここでお話しするのは、職業人として自分を磨き、能力を上げる方法です。

■人事評価の基準

職場での評価の基準は、何でしょうか。

役所でも、自己申告と人事評価制度を導入しています。人事評価には、能力評価（職員が発揮した能力の評価）と、業績評価（職員が上げた業績の評価）の二つがあります。国家公務員の場合は、内閣人事局のホームページ「人事評価」に載っています。
そのうち能力評価では、次のような項目で評価されます。係員の場合を示します。

・倫理
＝責任を持って業務に取り組み、服務規律を守って公正に職務を行うこと
・知識と技術
＝資料を分かりやすく整理すること、業務に必要な知識を身に付けること
・コミュニケーション
＝上司の指示を理解し適切に報告すること、相手に誠実に対応すること
・業務遂行
＝積極的に仕事に取り組むこと、正確かつ迅速に作業を行うこと

係長になると、これに

・課題対応

＝新しい課題に対して問題点を把握し対応策を考えること

などが加わり、課長補佐や課長になると、さらに企画と立案、判断、部下の育成、組織の統率などが加わります。

職員の能力を測ることは、実は難しいことです。それを評価項目として分類したことで、この能力評価制度は意味があります。あなたも一度、あなたの組織の人事評価制度とその項目を見てください。出世するためには、「このようなことで、私は評価されるのだ」ということを、知っている必要があります。

■評価の前の評判

このような定期評価だけでなく、周りの人の評判で、あなたの評価が出来上がっていきます。現行の人事評価制度が国で導入されたのは、２００９年のことです。これは進歩ですが、このような制度がなくても、職員の評価はされてきました。

もっと分かりやすい話をしましょう。皆さんが職場の人と飲み屋に行って、上司や部下の評価、特に悪口で盛り上がることを思い出してください。仕事ができるだけでは、評判は良くなりません。「彼は仕事は早いし、出来栄えも良い」とか「彼女は、他人が嫌がる仕事でも引き受けてくれる」といった評価とともに、「あいつは仕事ができるが、態度が悪い」「あの人は、上司にはごまをするのに、部下には厳しい」といった悪口もあります。

私の経験からすると、職場で高く評価される資質は、次のようなものでしょうか。

①仕事の技術

＝与えられた仕事をこなすこと。上司の指示を理解し、的確な答えを出すことと、それを適切に説明できる能力。上司になれば、課題の把握や仕事の管理と企画、部下の育成などが加わります。

②対人関係の能力

＝職場の人や関係者と適切なコミュニケーションが取れることと、職場の人とうまくやっていける協調性。

③人格

＝①と②で職場の仕事はできるのですが、周りの人から慕われ尊敬されるには、これらに加えて、それに値するような人間性、すなわち人格が必要です。

学校での評価基準と、職場で求められるものとは違います。学生時代の成績や偏差値は、必ずしも職場での能力や評価に比例しません。

■お手本になる先輩

ところで、社会人の多くは、人生の「お師匠さん」を一人や二人持っているのではないでしょうか。生きていくに当たって、お手本にしたい先輩であり、教えを請う先生です。その人は親であったり、上司であったり、教師であったりします。

職場で、そのようなお師匠さんに巡り会えると、幸せですよね。ロールモデルとも呼ばれます。お師匠さんをお手本にして、少しでも近づきたいと思う。そして、できればそのお師匠さんを超えていく。

私も、自治省で仕事を始めた駆け出しの頃、同じ財政局に配属されていた2年上の先輩たちの仕事ぶりを見て、私との実力の差に驚きました。少しでもあの人たちに追い付きたいと思いました。さらに10年先輩の課長補佐は、富士山より高く見え、鋼鉄よりも硬く感じました。資料を持って説明に行きますが、何度挑戦しても、簡単に跳ね返されるのです。私がいくら力を込めて叩いても、課長補佐の胸はびくともせず、私の拳が血だらけになる。そんな感じでした。

その人たちの仕事ぶり、そして公私にわたる生きざまをお手本にして、日々修行しました。今思うと、私の社会人の日々はこの修行であり、その積み重ねが私をここまで育ててくれました。そのような先輩たちに出会うことができて、私は幸せでした。

その後も、さまざまな仕事を経験し、さらに難しい課題に出会い、困難な局面にも遭遇しました。ある先輩に愚痴を言ったら、「全勝君、ここは人間修養道場だ。君は授業料を払わず、給料までもらって鍛えてもらっているんだ」と、諭されました。

職場では授業も教科書もないと書きましたが、この先輩たちが私にとっての教科書でした。

■先輩との差

先輩は、あなたより何が優れているのでしょうか。それが分かれば、努力する際の目標になります。経験豊富な先輩と若い後輩との差を、幾つか挙げておきましょう。

先輩が若い職員と比べ優れているのは、まずはその組織や分野で、過去のことを知っていることです。ある施策や事業が、どのようないきさつで今に至っているか。過去にどのような問題があって、どのように処理されてきたか。それを知っていると、新しい問題が出たときに、どのように対処するべきか、一から考えなくても前例を参考にすることができます。また、その組織での「評価基準」を知っています。あなたが「これが正しいのだ」と主張しても、あなたの役所では違う評価基準ならば、あなたの意見は採用されません。

その2は、経験です。1番目とも関連しますが、以前に自ら課題を解決した経験があれば、若手職員が悩んでいることでも、「あのとき、私はこうして解決した」と、自信を持って助言できるのです。

その3は、知識や人脈です。長い社会人生活の中で、仕事に関することやそれ以外のことを知っています。また、仕事に関連する人やそうでない人を、たくさん知っています。すると、何かの問題を調べるときに、「あそこに載っていた」「あれが参考になる」「あの人に相談してみれば」と見当が付きます。

これらが、長年の経験や立場で身に付けた力でしょう。この知識と経験を基に、仕事を素早く処理し、良い判断をするのだと思います。あなたが仕事のできる先輩を見て、「違うな」と思うのは、このようなことでしょう。

どのようにしたら、あなたはその先輩に近づくことができるのでしょうか。経験と職位を重ねるには、時間が必要です。しかし、先に挙げた先輩の優れている点は、年を取ったからといって、自然と身に付くものではありません。同じように50歳の先輩でも、仕事のできる先輩と、できない先輩がいるように、年齢や勤務時間だけではないのです。どちらになるかは、あなたの心掛け次第です。

■第一人者になる

少しでも早く先輩に追い付くために、そして仕事ができる職員になるためには、どうしたらよいか。

まずは、与えられた課題を、前例通りに片付けること。これが、初心者であるあなたに期待されていることです。同僚や前任者に追い付くことが、最初の目標です。

執務要領がある場合はそれを覚え、早く決められた通りに処理できるようになりましょう。次に、書かれていないことが起きたら、前例を見つけ出すなり勉強するなりして、無駄なく良い答えを出すようにしましょう。分からないところがあったら、同僚、前任者、上司に聞きましょう。

そしてその問題が解決したら、手帳に書き残しましょう。あなたが仕事に取り組んで困ったことや悩んだことは、多分あなたの同僚や後任者もつまずくことです。このメモが、後で役に立ちます。

仕事を前例通りにできるようになったら、同じ仕事をもっと効率よくできないかを考えてください。1回目や1年目は、前例通りにするので精いっぱいでしょう。しかし、2回目や2年目になれば、経験があるので楽にできるはずです。

同じような仕事をしている同僚の中で、1番を目指しましょう。周囲の職員が、あなたに相談に来たら、しめたものです。その仕事の第一人者になるのです。

ところで、ある仕事を習得し、第一人者になるには、2年はかかります。1年目は、前任者通りに仕事をするだけで時間が過ぎていきますが、2年目や3年目になると、悩まずに仕事ができるだけでなく、問題点を改善することができます。腰を落ち着けて、仕事に取り組みましょう。定期異動の時期になるとそわそわする人がいますが、その仕事を極めずに次の仕事に目移りするようでは、良い職員にはなれませんね。

そして異動が決まったら、あなたが苦労して解決した知恵を書きとめてあった手帳を基に、後任者に引き継ぎましょう。

■定期試験

あなたの仕事ぶりが、求められている水準に達しているかどうか。本人には、分からないものです。あなたの能力は上司が評価し、周りのみんなが評判をつくります。

現在の人事評価制度には、上司との面談と自己申告制度が埋め込まれています。期首の面談では、上司があなたに何を期待しているかが分かります。期末の面談では、上司がどのように評価してくれたかが分かります。

自分では「十分に仕事を仕上げた」と自己申告しても、上司の期待に達していないこともあります。何が足りないのか、よく話を聞きましょう。辛い点を付けられるのは、つらいものです。それは、上司も同じです。部下に対して、厳しいことは言いたくないのです。しかし、これを乗り越えないと、改善はありません。

社会人になると、子どものときの親や先生のように、あなたの欠点を指摘してくれる人はいません。あなたのいないところで、悪口を言っているだけです。厳しい意見を言ってくれる上司や先輩は、学校でいえば先生です。ありがたいことと思ってください。

期末面談で厳しいことを言われる前に、日々の仕事で上司や先輩と意見交換をしましょう。仕事の過程で上司に相談に行くことで、あなたの仕事の進め方で足りない点を指摘してもらうことができます。

■困った天動説

頭が切れて仕事もできる、しかし困った職員がいます。常に、自分の考えが正しいと主張する人です。このような人を、「天動説」と呼びます。世間は自分を中心に回っているのだ、という考えの職員です。地球が動いているのではなく、地球である自分を中心に、太陽も世界も回っているのです。今風に言うと、「自己チュー」でしょうか。

自分の主張が通らない場合や、周囲の人と意見が異なり衝突すると、次のように相談に来ます。「なぜみんなは、私の言っていることを理解できないのでしょうか。困ったものです」とか、「私が正しいのでしょうか、あの人が間違っているのでしょうか。どちらでしょうか」と（笑）。

確かに私たちから見ると、地球は動かず、太陽や月が動いています。しかし、地球を離れてみると、地球は動いているのです。このような人は、自分が自己中心的であることに気が付いていません。だからこそ自己チューなのですが。

あなたがそうならないように、他人の意見を聞きましょう。また、忠告してくれる人を持ちましょう。そして、意見や忠告を素直に受け入れましょう。

第14講の教訓

職場で評価される基準は、与えられた仕事をこなすこと、協調性、そして人格です。

先輩は、知識と経験であなたより優れています。良い先輩を探し、お手本にしましょう。

早く仕事を覚えて、その第一人者になりましょう。

自己申告と期末面談で、自分の仕事の評価を確認します。

あなたを評価するのは、上司であり周囲の人です。

天動説にならないように、他人の意見を聞きましょう。

公務員はサービス業

今回は、有能な公務員になるための心がまえについてお話ししましょう。ちょっとした工夫や心がけが、あなたを立派な職員に育てます。

■人は外見で判断される

「人を外見で判断してはいけない」という格言があります。まさにその通りです。人の能力や性格は、表面だけでは分からないものです。しかし、そのような格言があるのは、世間ではしばしば、人は外見で判断されるからです。

多くの人は、最初に受けた印象で、他人を評価します。それも、最初の数秒で決まるようです。「第一印象」「ファースト・インプレッション」という言葉があるのには、それだけの意味があるのです。「内容を知ってもらえれば理解してもらえる」のですが、実際には、話す前からあなたは評価されているのです。

あなたもそうでしょう。だらしない服装でぞんざいな口の利き方をする人と、きちんとした身なりで丁寧なあいさつをする人。どちらに好感を持ちますか、どちらの人を信用しますか。ノーベル賞級の研究をしているのなら、「良い成果を出せばよいので、身だしなみには気を配らない」でも通用するでしょう。しかしあなたの仕事は、住民や職場の上司、同僚が相手です。

「仕事ができる」という評価には、相手に信用されることも含まれます。第14講で良い公務員の要素として、仕事の技術、対人関係能力、人格の三つが必要だと示しました。対人関係能力は、仕事を処理する能力と並んで重要なのです。

上司や部下は、あなたの身だしなみや立ち居振る舞いを見て、あなたを評価するのです。資料の説明をする前に、まずは好印象を持ってもらう。すると、あなたが作った資料も、より好感を持って見てもらえます。これはお得です。

格言にあるように、あなたは、他人を外見で評価してはいけません。しかし、あなたは外見で評価されていることを、忘れてはいけません。

■公務員はサービス業

職場で仕事をうまく進めるとともに、住民を相手にする場合にも、外見は重要です。公務員はサービス業です。顧客である住民に、行政サービスという商品を売っています。住民はあなたの対応ぶりを見て、満足したり不満を持ったりします。それが積み重なると、一方では信頼され、他方では不信感を持たれることになります。住民に信頼されると、難しい交渉ごとがうまく進むこともあります。逆に不信感を持たれた場合には、何を言っても理解してもらうのに苦労することでしょう。

さらにあなたは、市町村役場や県庁という組織の一員であり、住民に応対するときには、その組織を背負っています。住民があなたと会った際に抱く印象は、役場や県庁に対しての第一印象になるのです。

図書館、上下水道、ごみ収集、住民票などの窓口業務などなど。住民の満足は、サービス内容と接客態度でつくられます。サービス内容は、住民が求める行政サービスを、良い質でかつ安い経費で行うことです。それと並んで重要なのが、接客態度（応対ぶり）です。無愛想な店員と、愛想の良い店員。あなたがお客なら、どちらに好感が持てますか。

■住民の満足を得る

役所に対する住民の満足は、どのようにしたら得られるのでしょうか。

まずは、市長の方針や役所の主要施策などに納得し、賛同してもらうことでしょう。それとともに重要な要素が、個別の職員と接した際に受ける印象です。

前者が「大きな話」であるのに対し、後者は「小さな出来事」です。しかし住民にとって、大きな話は抽象的であるのに対し、小さな出来事は具体的であり、こちらの方が相手に強い印象を残すことさえあります。その積み重ねが、あなたの役所の信頼をつくるのです。

老舗の商店やブランドものが持つ信用は、良い商品とサービスの長い積み重ねでできたものです。役所への信頼も同じです。そして、信頼を築くには長い時間がかかりますが、一度の不愉快な対応が、せっかく積み上げた信頼を壊します。

民間の商品やサービスは、品質、価格、応対ぶりにおいて、他社との競争がありま す。競争相手があり選択できるのなら、客は高いお金を払って高級なものを選ぶのか、少々質が劣っても安い方で我慢するのか、どちらかを自ら選びます。その結果によって満足することもあり、がっかりすることもあります。しかし、自分で選んだことですから、結果にも責任を持ちます。不満を持った場合は、次回は別の店を選ぶでしょう。

これに対し、行政サービスの多くは地域独占であり、安さの競争もありません。民間サービスのような選択ができないだけに、顧客である住民に満足してもらうことは難しいのです。そして値引き競争がありませんから、顧客の満足度は、サービス内容以上に接客態度に左右されます。

■住民が見ているあなたの対応

住民が役所に来たときに、もみ手をして「いらっしゃいませ」と言いなさい、と言っているわけではありません。相手が気持ち良く感じる対応をしてほしいのです。どのような対応が良いのか。その判断基準は簡単です。あなたが窓口に来た住民の立場に立ってみて、満足できるかどうかです。

無愛想な対応は、「お役所仕事」と批判されることの代表でした。行政サービスが民営化や民間委託されると、費用が安くなるだけでなく、サービス内容も接客態度も良くなるようです。公務員の一人としては、とても残念なことですが。代表例は、かつての国鉄の民営化であり、市町村のごみ収集です。

行政の仕事の多くは、さらなる民間委託が可能です。あなたの仕事が民間業者やNPOに委託されたとき、「以前のように公務員がやっていたときの方がよかった」と言ってもらえるかどうかです。あなたは、自信がありますか。

■住民の信頼は役所の財産

市町村役場が住民から信頼されていることは、役所にとって大きな財産です。

政治学には、「力」（パワー）という概念があります。相手を、こちらの意向に沿って動かす力です。国際政治では、軍事力（むき出しの力で押さえ付ける）、経済力（金にものを言わせる）のほかに、「文化力」（文化的影響力）ともいうべき力があります。その国の言うことに説得力があると考える場合や、その国を信頼して従う場合です。すると、力や金を使わなくても、相手国が味方になり、従ってくれるのです。

市町村役場の仕事も同じです。行政学や行政法学では、法律による強制や予算による事業の実施を学びます。しかし同じ結果を出す際に、罰則付きの法律や条例で強制したり、お金を出して同意させたりするより、相手に信頼してもらい円満に解決する方が、お互いに手間がかからず、かつ気持ち良いものです。

住民が役場を信用してくれていることは、役場にとって大きな財産です。それは目に見えず、金銭評価も難しいものですが、あなたの仕事を支えてくれる重要な要素です。それをつくり維持するのは、実はあなたの接客態度であり、その積み重ねなのです。

■信頼関係で満足度が上がる

少し事情は異なりますが、復興庁の例を紹介しましょう。

職員たちは精いっぱい、被災地と被災者の復興のために仕事をしています。しかし最初の頃は、被災自治体の首長たちからは、必ずしも良い評価をもらえませんでした。主な原因は、あまりにも被害が大きく復旧がなかなか進まないことや、これまでにない災害だったので政府も自治体も試行錯誤していたことなどでしょう。ところが2年が経過した頃から、首長さんたちの評価が変わりました。「よくやっている」と、言ってもらえるようになったのです。

例えば、２０１４年3月10日の毎日新聞は、「復興庁の対応　機能強化評価9割」として、被害が大きかった42市町村長へのアンケート結果を次のように書いています。

…「復興の司令塔」として1年前に機能が強化された復興庁の対応には、37人が「ある程度評価する」と回答。「高く評価する」の1人を含め、評価する声が9割を占めた。半年前の調査では5割だったが大きく改善した……

私は、これは復興庁と被災自治体との信頼関係ができたからだと、分析しています。

なぜなら、この時点では、現地での復旧工事はまだ目に見えて進んではいなかったからです。計画策定や用地買収に、時間がかかっていました。そんな中でも復興庁への評価が良くなったのは、復興庁の職員が現地に出向いて要望を聞き、できることとできないことを整理したからだと思います。

それを裏付けるのが、河北新報（同年2月7日）のアンケートの「自治体とコミュニケーションが取れているか」という項目です。「取れている」と答えた首長が9人、「ある程度取れている」が11人で、「あまり取れていない」「取れていない」という回答はありませんでした。

工事が突然進捗したのではありません。首長の要望をすべてかなえたわけでもありません。意見交換を重ねて、首長たちに「復興庁とは信頼関係ができる」と納得してもらえたので、評価が上がったのです。

また、中央省庁の役人が出向いて、現場を見て意見交換したことも重要だったと思います。通常は、自治体職員が霞が関まで説明に来ることが多く、中央省庁の職員が出掛けるとしても、多くはブロック単位の会議までですから。現地まで職員が行ったことで、復興庁の本気度が伝わったのではないでしょうか。

仕事を進める際には成果も重要ですが、人間関係や信頼も重要だという例として、お話ししました。

第15講の教訓

あなたは、他人を外見で評価してはいけません。しかし、あなたは外見で評価されています。

公務員はサービス業です。顧客は住民です。

住民があなたと会った際に受ける印象が、役所の評価をつくります。

住民の信頼は、役所の財産です。信頼があると仕事が円滑に進み、住民の満足度が高まります。

第16講

服装で自分を良く売ろう

今回は、身だしなみについて、お話ししましょう。

「仕事さえできれば、格好はどうでもよい」は、社会では通用しません。あなたは社会人であり、かつ公務員です。それにふさわしい身だしなみが必要です。

残念ながら、ときどき変な服装の人を見掛けます。我流で選んだのでしょうか、ルールを知らないのでしょうか。単に周りの人のまねをしたら、周囲の人が世間の常識からずれていたということかもしれません。

あなたという「中味」を、変な服装という「包装紙」で包まずに、良い「包装紙」で高く売りましょう。

■スリッパは恥ずかしい

具体的に言いましょう。

職場でスリッパを履いている人はいませんか。民間の人が役所に来て、顔をしかめる第一番の理由がスリッパです。

高温多湿の日本では、夏に革靴を履き続けていると、蒸れますよね。靴を脱いでスリッパに履き替えたい気持ちは分かります。しかし、スリッパ履きで人前に出るのは、やめてください。トイレから出て来たのかと見間違うようなスリッパを履いた職員を廊下で見ると、こちらが恥ずかしくなります。ビーチサンダルのようにけばけばしいのも、困ったものです。自らの価値を下げるような服装はやめましょう。

人前に出るには、それなりの服装があるのです。コンビニやファストフード店では、学生アルバイトを含め従業員は制服を着ています。その中に、スリッパ履きで接客している店員はいないでしょう。

私たち公務員にも、しかるべき服装があります。スーツ（上下そろいの背広）にネクタイ姿でいながらスリッパを履いている職員を見ると、そのちぐはぐさに心配になります。効率や過ごしやすさだけでは、服装は決まりません。ネクタイだって不思議な習慣です。実用面ではなんの機能も果たさない、しかも首を絞める布きれです。しかし、人前に出るときは、ネクタイをしますよね。

もう30年も前のことでしょうか、ある省でサンダル履きはだらしないとして、禁止されたことがありました。それでも霞が関では、まだそのような職員を見掛けます。

そういう私も、若い頃はサンダルで仕事をしていました。職場に出勤すると同時に、履き替えていました。周りの人もそうしていたので、気にもしませんでした。それをやめたのは、大臣秘書官になったときです。お客さんが来られるたびに、靴に履き替えていたのですが、回数の多さに面倒になったのです。

かといって、革靴を一日中履いているのは窮屈です。先輩に教えてもらって、メッシュの靴を室内履きにすることにしました。職場に置いてあって、出勤するとそれに履き替えます。これは楽でした。女性用の靴には、風通しが良いおしゃれなものがたくさんあります。男性用も、しゃれたデザインのものが増えるとよいのですが。

■男性諸君、ファッションを勉強しよう

私は、服装についても、見よう見まねで勉強しました。結婚してからは、妻のキョーコさんというファッションアドバイザーに選んでもらい、シャツやネクタイの組み合わせなども、その指導に従っています。

洋装の基本を、家庭で学んでいない人も多いのです。中学校や高校でも、教えてもらっていないでしょう。あなたは子どもたちに、洋服の着こなしやあいさつの仕方を教えていますか。自信を持って教えることができますか。

終戦直後の1950年の国勢調査では、働く人の半数が農林水産業に従事していました。それに工場労働者などを加えると、男性の多くはネクタイを締めていませんでした。家庭の主婦や母親も、多くは和服でした。それが半世紀のうちに、働く人の9割がサラリーマンになりました。女性も職場に進出し、洋装になりました。日本の多くの家庭で洋服を着るようになったのは、この2〜3世代のうちです。羽織袴の着方を、お爺ちゃんは教えることができましたが、スーツの着こなしを教えてはくれません。

普段着とともに、困るのが礼服です。今も伝統的な祭礼が続いている地区は別として、多くの男性は、和服の礼服である紋付き羽織袴の付け方を習いません。他方で、洋服の礼服である燕尾服やモーニングコートの着方も、親から教えてもらった人は少ないでしょう。略礼服(黒のダブルまたは三つ揃いのスーツ)が普及していますが、あれは戦後日本で発明されたものです。あくまでも略礼であって、海外や格式ある場では礼服としては通じません。伝統と決まりのあった和式から、洋式に切り替えたのですが、まだその途中であり、新しい日本式をつくりつつあるということでしょう。

女性はおしゃれに敏感ですから、身だしなみに気を配っています。問題は男性、それも中高年です。若い人は、それなりに気を配っているようです。男性の皆さん、今からでも遅くありません。本や雑誌を読んで勉強しましょう。詳しい人や店員さんに、相談してみましょう。あなたが既婚者の場合は、奥さんも良い助言者です。

■ルール違反

洋服やシャツ、ネクタイは、デパートや専門店に行けば、良いものを買うことができます。しかし、高価なものを買ったらよい、ではありません。問題は値段やそれぞれの品でなく、着こなしです。

紺のスーツに白のワイシャツ。これは、社会人の服装としては基本形です。まずは、これをきちんと着こなすことが必要です。そして、スーツを着る場合には、守らなければならない決まりがあります。

背広の胸ポケットにペンを挿している職員がいると、私は「君と一緒に歩いていると恥ずかしいよ。私までが変に見られるからやめてくれ」と注意します。胸ポケットに挿してよいのはチーフだけで、ペンは内ポケットに挿すものです。

スーツを着ているときは、いくら高級な品であってもサンダルは駄目です。スーツの色に合わない色のシャツやベルト。ダークスーツなのに、白の綿の靴下。紺のズボンに茶色の靴下。スーツに白の運動靴。すべて失格です。

ネクタイが緩んでいる人。あいさつする際に上着の前ボタンを留めていない人。ズボンのお尻のポケットに財布を入れている人。思い当たることがあったら、やめましょう。

常に紺のスーツを着て、ネクタイを締めろとは言いません。TPO（時、場所、場合）に応じた服装をしてほしいのです。制服や作業服の職場もあるでしょう。仕事中は、上着を脱いでいることも多いでしょう。夏のクールビズも定着しました。しかし、改まった席やきちんとした対応を取るべき場面では、それなりの服装をしてください。

それらの決まりは、法律で決まっているものではありません。また、時代によっても変わるものです。しかし、結婚式にTシャツと短パンで行くとおかしいでしょうし、お葬式に赤いネクタイで行く人はいないでしょう。冠婚葬祭だけでなく、人前に出る際の基本を覚え、許される範囲内であなたの個性を出せばよいのです。「その服装はいけない」と決めるのは、あなたではなく、周囲の人です。

しわの寄ったシャツ、折り目が消えてしまったズボン、汚れた靴もいただけません。紺の背広は、フケが落ちていると目立ちます。シャツの襟の後ろがうまく折り返されず、ネクタイが大きくはみ出しているとか。自分の後ろ姿は見えないものです。これを防ぐ方法は、出勤前に奥さんや周りの人に確認してもらうことです。

■おしゃれで自分を引き立たせる

最低限の決まりを守ったら、そこからは、あなたの個性を出しましょう。

みんながいつも紺のスーツと白いシャツでは、制服ですよね。入社式のニュースを見ると、男性も女性も全員が同じような服装をしていて、びっくりします。みんなと同じものを選ぶのが無難だ、という判断でしょう。しかし、いつまでもそれでは芸がありません。あなたなりのおしゃれを楽しみましょう。

私も若いときは一つ覚えで、紺のスーツに白のワイシャツ一辺倒でした。その後、先輩の外交官が着ていたクレリックシャツ（襟と袖口に白無地の生地を用いた色物のシャツ。この言葉は和製英語で、英語ではカラーセパレーテッドシャツcollar separated shirtまたはホワイトカラードシャツwhite collared shirtというそうです）が素敵に見え、作り方を教えてもらいました。20年ほど前、みんなが白いシャツを着ている職場で、これを着るのは勇気が要りました。実際に、何人もの人から冷やかされました。でも近年では、珍しくなくなりました。

また、上着着用の場面でも、スーツでなくてよいときは、上下そろいでない上着とズボンを着ています。グレーの上着と紺のズボンとか。被災地を視察する際に、当初は防災服を着ていましたが、復興が進むにつれて普通の服装になりました。しかし、工事現場や工場を視察する際に、紺のスーツ姿はいかにも場違いと思い、こうしています。

夏の汗をかく日には、オードトワレやオーデコロンもお薦めです。香りのきつい香水は嫌う人も多いですが、オードトワレの軽い香りは好感が持てます。

■組み合わせで、あなたのセンスが評価される

おしゃれは、金を掛けブランド物で身を飾ることではありません。高価でなくても良い洋服やネクタイが売られています。おしゃれとは、場所と場合に応じた服装であり、組み合わせと着こなしです。そこに、あなたの個性を出しましょう。服装はあなたを包む包装紙です。おしゃれであなたを引き立たせましょう。

身に着けているそれぞれの品物以上に、それらのコーディネイト＝調和の取れた組み合わせと、それを選んだあなたのセンス＝美的感覚が試されています。スーツとシ

ャツ、ネクタイの色の組み合わせが変な場合や、派手過ぎる色や柄は失格です。この美的感覚は自己流で育つものではなく、本を見たり売り場の人に聞いたりして鍛える必要があります。

クールビズにも、注意が必要です。「スーツ着てネクタイ取ったらクールビズ」ではありません。紺のスーツに白のシャツ、それでいてノーネクタイという格好は、私はしません。紺のスーツに白のシャツは、ネクタイを締めてこそ、様になるものです。襟元のVゾーンは、スーツ姿の際におしゃれを演出できる最高の場所です。そしてネクタイが一番の働きをします。かつて政治家などが逮捕されたときに、ネクタイを外した（外させられた）姿が、ニュースに映りました。それは屈辱の姿です。紺のスーツにしない、明るい爽やかな色の上着にする、カラーシャツにする、ボタンダウンのシャツにすることで、ノーネクタイでもおしゃれになります。

■小物にも注意

持ち物にも注意を払いましょう。きちんとした身なりに、みすぼらしい鞄や使い捨てのビニール傘は、似合いません。

資料を運ぶ際に紙袋で、それも商品を買ったときに入れてもらった紙袋に入れている職員を見ます。格好の良いものではありませんね。書類をぞんざいに扱っていると見え、しかも破れることもあります。昔なら風呂敷に入れたのでしょう。鞄か布製の手提げ袋を使いましょう。書類を運ぶ機会が多いなら、布製のトートバッグ（手提げ袋）を一つ持っていると便利です。

相手がいる前では、おまけでもらった商店の名入りボールペンを使うことはやめましょう。あなたが安く見られます。

また、不釣り合いに高価なブランド物を見せびらかすのも、あなたの品性が疑われます。

■自分を高く売ろう

服装と行儀作法は、あなたを良く見せる演出術です。職場に着ていく服は、あなたにとっての戦闘服です。気持ちを引き締める作用もあります。重要な仕事があるときに、勝負服や勝負の色を身に着ける人もいるでしょう。そのような特別の日だけでなく、普段からあなたは見られているのです。

周りの人に、爽やかだと感じてもらうのか、「ダサいわねえ」と言われるのか。あなたの評価が違ってきます。同じ商品でも、安売りショップのビニール袋に入っている場合と、高級デパートの包装紙に包まれてきれいな紙袋に入っているのとでは、受ける印象は大きく違います。あなたも人に贈り物をするなら、後者を選ぶでしょう。トイレで使うようなスリッパを履いて、自分の評価を落とすようなことはやめましょう。

政治家の演説を聴いた後、聴衆の記憶に残るのは、1番目がネクタイの色、2番目が表情で、演説の内容はほとんど覚えていないという話もあります。

あなたが「売る」一番の商品は、あなた自身です。あなたという商品は、仕事の出来と共に、外見で評価されます。あなたの奥に秘めた熱意や能力だけでなく、外面にも力を入れましょう。爽やかな印象と清潔さが、ポイントです。服装は、その組み合わせと、それを選んだあなたの美的感覚が評価されます。

毎朝出勤する前に、姿見で服装を確認しましょう。そして自分では見えない後ろ姿は、奥さんや周りの人に見てもらいましょう。

第16講の教訓

スリッパで人前に出るな。

スーツの着こなしには、決まりがあります。決まりを守って、おしゃれを楽しみましょう。

おしゃれは、身に着けるものの値段ではなく、コーディネイトとセンスです。

あなたが「売る」一番の商品は、あなた自身です。外見にも気配りを。

出勤する前に、姿見で服装を確認します。後ろ姿は、奥さんや周りの人に見てもらいましょう。

お願い、お礼、お詫び

次は、立ち居振る舞いについてお話しします。

■もう一度行儀を学ぼう

行儀作法は、皆さんも家庭でしつけられているでしょう。もし心配なら、改めて本を読んで勉強してください。

作法は茶道だけのものではなく、マナーはテーブルマナーだけを指すのではありません。そのような改まった場だけではなく、毎日の仕事場での服装と行儀で、あなたは周りの人から評価されています。厄介なのは、変な服装や行儀をしている人は、それに気付いていないことです。若いうちは先輩が指導してくれますが、ある程度の年齢になると、周囲の人は注意してくれません。家庭でしっかりしつけられた人は別にして、自信がない人は、本屋に並んでいる服装やマナーの本を、一度は読んでおきましょう。

あなたを評価するのは、上司だけではありません。同僚や住民も評価しています。外面からも、良い評価をもらえるようにしましょう。

少し上級なものを勉強したいときは、茶道をお勧めします。頭の下げ方や足の運びなど、改まった席での行儀を学ぶことができます。私は40歳になってから、県庁の茶道部で藪内流を教えてもらいました。熱心な生徒ではありませんでしたが、自己流を矯正でき、自信が付きました。

■ここが変だよ公務員

役所の中で見掛ける変な行動を、幾つか指摘しましょう。

自分は椅子に座っていながら、相手を立たせたままで、話を聞いている職員がいます。失礼ですね。

廊下やエレベーター内で、同僚と仕事について話し込んでいる場面を見受けます。誰が聞いているか分からない場所で、仕事の話をすることはやめましょう。廊下などで携帯電話で話をするのも、要注意です。電話は、ついつい声が大きくなります。廊下や階段は声が響き、話の内容が筒抜けです。さらにそのような場所での電話の用件は、仕事ではなく私生活のことも多いでしょうから、なおさら気を付けましょう。

書類をむき出しのままで運んでいる職員がいます。大切な書類を落としたらどうするのですか。部外秘の書類もあるでしょう。運ぶ際には、袋や鞄に入れましょう。

■頭は下げるもの、口はお礼を言うもの

どうも公務員は、あいさつが下手なようです。頭を下げたら自分の値打ちが下がる、とでも思っているのでしょうか。偏差値の高さも、頭を下げることを妨げているのかもしれません。いえ、民間の優秀な職員は、ちゃんと頭を下げています。これは職場文化の違いのようです。

あいさつの効用については、第1講で強調しました。「おはようございます」「あり

がとうございます」。この二つを言えばよいのです。お世話になったときに、あるいはお世話になっている相手なら、「お世話になっています」と頭を下げるのが礼儀でしょう。

県庁の総務部長や総務省の官房総務課長を務めた際に、何かとお詫びをする機会に「恵まれ」ました。頭を下げることが重要な仕事になり、勉強する機会が続きました。そこで、「頭は下げるもの、口はお礼を言うもの」ということが身に付きました。今となっては、貴重な経験でした。あなたも管理職、それも職員管理担当や対外的に組織を代表して答えなければならない職になると、お詫びやお礼は「必須科目」になります。

私は当時、やや自嘲気味に、「三つの『お』だけで仕事ができる」と笑っていました。「お願い」「お礼」「お詫び」という、三つの「お」です。慣れてしまえば、苦にならなくなりました。「頭は下げるもの、口はお礼を言うためのもの」と、常に自分に言いきかせていました。

政治家も民間企業の方も、人に会うとお礼を言い、頭を下げています。その人たちに比べて、公務員が頭を下げることが最も少ないように思います。役所の中でも、あなたが尊敬できる先輩たちは、普段はこわもてでも、要所要所では「ありがとう」と言ってくれると思いませんか。注意して観察してみてください。

「頭は下げるもの」と言いましたが、何度もぺこぺこしろ、と言っているのではありません。むやみやたらと頭を下げるのは、みっともないし、誠意も込もっていません。何度も下げるのではなく、話の最初と最後だけでよいのです。きちんとゆっくり、姿勢良く頭を下げることで、相手に誠意が伝わります。

■丁寧にお見送りをしましょう

私が実践していることの一つに、お客さんをエレベーターホールまで送っていくことがあります。これを役所ですると、多くの人に驚かれます。でも、お客さんを玄関までお見送りすることは、自宅なら当たり前ですよね。

こう言っている私も、これを実践したのは10年前からです。それまでは、客は自席で迎え、自席でお別れしていました。「これは駄目だ」と恥じ入ったのは、内閣府で経済財政運営担当の官房審議官をしていたときです。

経済財政諮問会議の委員に、御手洗冨士夫・経団連会長（キヤノン会長）と丹羽宇一郎・伊藤忠商事会長がおられました。しばしば、お二人に説明に行きます。この財界を代表する方々が、話が終わると、それぞれ会議室からエレベーターまで送ってくださるのです。恐縮していると、「岡本さんは、変なことを言うねえ。これが当たり前でしょ」と諭されました。

「なるほど。言われてみたら、これが世間の常識やなあ。自宅で座ったまま見送ったら、親に叱られるわ」と気が付きました。以来、お客さんをエレベーターまで、あるいは玄関までお送りするようにしています。

■率先してごみも拾いましょう

富山県庁の総務部長のとき、守衛さんにあいさつしたら職員に好感を持ってもらった話をしました（第1講）。もう一つ、職員から褒めてもらったことがあります。ごみ拾いです。

ある朝、登庁して公用車を降りたら、県庁の玄関にごみが落ちていました。若いときの私なら、守衛さんに「ごみが落ちているから拾っておいて」と指示したか、「県庁玄関にごみが落ちているとは何だ。この後に知事も登庁なさるのに」と叱ったでしょう。しかし、当時は単身赴任をしていました。宿舎の洗面所が汚れていたときに、「誰だ汚したのは」と言ったって、犯人は私しかいません。自宅なら妻のキョーコさんが掃除してくれるのに……。で、自分できれいにしました。どうやらそれが身に付いて、ごみを拾う癖がついたようです。県庁玄関のごみを総務部長が拾ったという話も、県庁職員には好感を持ってもらえたそうです。

■あなたは見られています

電車の扉が開いたら、空いている座席に突進する人、元気なのに優先座席に座る人、荷物を隣の座席に置いて2人分占領する人、座るなりスマートフォンでゲームに熱中する人、家に持って帰れないような週刊誌を広げる人……。

それに対し、建物の出入り口で誰かと鉢合わせしたときに一歩下がって相手に譲る人、後から来る人のためにドアを開けて待ってくれる人……。品性が表れますね。

会議の時間に遅れて来る職員や、ギリギリに駆け込んで来る職員がいます。相手を待たせることは、社会人として最低です。日ごろから、余裕を持って行動しましょう。待ち合わせの10分前には、到着するようにしましょう。途中でどんな事故が起きるか分かりません。

住民も、あなたの立ち居振る舞いを見ています。あなたは、勤務時間が終わった後でも休日でも、見られています。変なことをすると、ご近所の方から「役場の××さん、あんなことしてたわ」と、後ろ指をさされます。夏目漱石の小説『坊っちゃん』の世界です。主人公の坊っちゃんが、そば屋で天ぷらそばを4杯食べたら、翌日はみんなに知れ渡るのです。

事故を起こすと、ニュースで「○○役場の職員38歳が、事故を起こしました」と報道されます。あなたは職場を辞めるまで、いえ、辞めてもなお「○○役場の職員」という肩書から抜けることはできません。

常に、姿勢を良くしましょう。背筋を伸ばしあごを引くことで、あなたは大きく立派に見えます。所作を折り目正しくすると、きれいに見えます。それに対し、靴を引きずって歩くのは、みっともないですね。腕組みは、相手に対し拒否の姿勢と取られます。握手する際に頭を下げるのは、様になりません。相手の外国人が胸を張って（ややふんぞり返って）いるのに、日本人が頭を下げているのを見ると、悔しく感じます。

行儀作法は一度身に付けたら、後は無意識のうちにこなすことができます。そんなに難しいことではありません。

第17講の教訓

廊下やエレベーター内で、仕事の話をするのはやめましょう。

頭は下げるもの、口はお礼を言うものと心得よ。

背筋を伸ばしあごを引いて、姿勢良く。

家でやっている礼儀作法を、職場でも実践しましょう。行儀に品性が表れます。

コラム

■居眠り防止法

会議での居眠りも、格好悪いですね。

自治大臣秘書官のときのことです。国会の予算委員会の模様が、ＮＨＫテレビで中継されます。テレビカメラと質問者席の延長線上に私の席があり、画面が質問者を映すと、その後ろの方に小さく私が映ります。

夜、田舎の母から電話がかかってきました。「きょう、予算委員会で居眠りをしていたんと違うか」と。これはまずいと思い、他省の大臣秘書官たちと「相互防衛協定」を結び、お互いに注意し合うようにしましたが、効果は少なかったようです。

その後、総理大臣秘書官になりましたが、睡魔が襲ってくることはありませんでした。予算委員会では、総理大臣にたくさんの質問が出ます。また予想しない質問に備える必要があるので、後ろに控えている私も、緊張感を持続できたのでしょう。

どうしても睡魔に負けてしまいそうなときは、廊下に出て深呼吸してみてください。それでも駄目なときは、その会議はあなたが出席する必要のないものかもしれませんね。

所作が人格をつくる

前回に続き、あなたを良く見せる立ち居振る舞いについてお話しします。

■熱くなったら冷ましましょう

部下を怒鳴る上司は、見たくないですよね。席を外したくなります。上司や同僚の見るに堪えない態度を見たら、反面教師にしましょう。

私たちは感情の塊なので、喜怒哀楽は付き物です。しかし怒と哀を顔や言動に出すと、周りの人を不愉快にします。怒鳴りたいだけの理由はあるのでしょう。理不尽なことを言ってくる住民、簡単なことができない部下とか。さほど難しくない案件を頼んだのに、期日までに仕上げてくれない同僚にも、怒りたくもなりますよね。それを、ぐっと我慢するのが大人です。あなたが激高する場面。それはおそらく、仕事や物に対して怒っているのではありません。問題の原因は、必ず人間関係です。

私も、若いときの振る舞いを思い出すと、恥ずかしくなります。話を聞きながら腹が立って、目の前の湯飲み茶わんを相手に投げ付けたいと思ったことが、たびたびありました。そのときは、ぐっとこらえて、テーブルの下で指を折って10数えました。それでも終わらないときは、もう一度指を折ることを繰り返して、お茶を掛けたいという衝動を抑えました。相手が帰った後、「くそー、あれはひどい……」と大声で愚痴ったりして、収まらない怒りを抜いていました。渡された資料を、ビリビリと破いたりした記憶もあります。反省しています。

どんなときでも、感情に任せてしまってはいけません。指を折って数えても気が済まないときは、いったんその場を離れることをお勧めします。廊下や洗面所で深呼吸して、気分転換をするのです。空を見たり木々の緑を見たりすると、怒っている自分があほらしくなることもあります。アイスクリームを食べるのも、よいですよ。甘いものは心を和ませてくれます。

■平常心を保つ術

平常心を保つ。それは難しいことです。年を取ると感情の起伏が小さくなるようですが、若いときはそういきません。そして、個人差が大きいものです。若いときからどっしりと構え、大人の風格の人もいます。他方で、「瞬間湯沸かし器」というあだ名の人が、あなたの職場にもいるでしょう。ひょっとして、あなたもそうですか。怒りが込み上げるのは、あなたの仕事への情熱の裏返しでもあります。しかし、それを外に出しては、良い仕事につながりません。

自ら注意し経験を積むことで、感情を制御する術を体得するしかありません。幾つか予防薬はあります。まず、睡眠不足はいけません。二日酔いも駄目です。病気をして体調不良だと、気が短くなり感情の波が増幅されます。

また、仕事場での人間関係以上に、家庭内の問題や私生活での困り事が、あなたの気持ちを不安定にします。

「え～、仕事の話をしているのに、家庭の話ですか」と、疑問に思われる人も多いでしょう。しかし私の経験では、職場でイライラしている職員や、仕事に身が入らない職員の多くは、原因が職場にあるのではなく、私生活にあります。

「得意淡然、失意泰然」という教えがあります。物事がうまくいっているときは謙虚に振る舞い、うまくいっていないときは落ち込まずにいる。私たち凡人には、なかなかできることではありません。しかしこの言葉を覚えておき、職場で怒鳴り散らした上司の姿を目に焼き付けておくと、あなたも感情を制御できるようになるでしょう。

自分がされて嫌なことは、相手にしてはいけません。他人の不快な振る舞いに困ったら、自分はそのようなことはしないようにしましょう。後で振り返ってみて恥ずかしく思う言動はやめましょう。私の反省を込めて、お話ししています。

■目は口よりも物を言う

「目は口ほどに物を言う」ということわざがあります。私は、「目は口よりも物を言う」だと思っています。次のような場面を想定してください。

場面1　あなたが、部下や子ども、あるいは夫にお小言を言います。相手は「申し訳ありません。私が悪かったです」と言いながら、視線はあなたではなく、空を見ている場合です。あなたは、「これは、本気で反省はしていないな」と思うでしょう。言葉より目の方が、本心を表しているのです。

場面2　あなたが失敗して、母親か奥さんを怒らせてしまいます。その際に、母親や奥さんが「いいわよ、こんなことは許してあげるから」と言ってくれたとします。しかし、その目はつり上がり、瞳の中では炎が燃え上がっている場合です（リアルですね）。「許してもらえた」と思いますか。

感情や本心は、顔に出ます。今述べた二つの場面は、あなたが相手の表情から本心を読み取った場合です。立場を逆にして、あなたの表情が周囲の人に見られている場面を考えてください。相づちを打っていても、「こいつ、俺の話を真面目に聞いていないな」と読み取られていますよ。

もちろん、表情だけでなく、話す言葉にも十分な注意が必要です。

私は、仕事の中でも、人と話す場面が最も疲れます。それも、講演会など大勢の人を相手に話す場合より、一対一の会話の方が疲れるのです。話すだけなら、相手が50人でも100人でも、問題発言をしないようにさえ注意していればよいのです。しかし一対一の会話は、相手の発言と顔色に全神経を集中し、相づちを打ち、どのように話を継ごうかと、気を使う必要があるのです。これは、私にとって真剣勝負です。

相手の心を読むとともに、時機を失せずに言葉を返すことが重要です。相手が「私の言っていることが正しいだろう」とか「私は美人でしょ」と言ったときに、「おっしゃる通り」とか「はい」という言葉を、間髪入れずに返せるかどうかです。返事が0・5秒遅れたら、あなたが言った「そうですね」はイエスではなく、「違います」という意味に取られます。

■所作が人格をつくる

あなたの表情や所作は、あなたの人間性を映し出します。

日本を代表するホテルの電話受付係を紹介しましょう。係員の前に小さな鏡が置いてあり、電話を取る前に一瞬、鏡を見詰め、目元は笑っているか表情を確認してから応対するのです。声だけでも、笑顔が相手に伝わるようにです。あなたの内心の気持ちは、顔に出、言葉に表れます。

鏡は身だしなみを整えるものですが、気持ちも引き締める道具です。朝出掛ける前に、玄関の姿見で我が身を確認しましょう。それは服装を確認しているとともに、あなたの気持ちを引き締めているのです。職場でも、時々は鏡に我が身を映してみましょう。腹が立って激高したようなときは、鏡を見てください。自分の顔を見ると、「これはあかんな」と気付くでしょう。

日々の行動とその積み重ねが、あなたの所作をつくり、人格をつくります。思い付いたらすぐ話すのではなく、一呼吸置いて、これを言ったらどのような反応があるかを考えてから発言しましょう。言葉はあなたの思いを伝えるものですが、会話は人間関係をつくり確認するためのものです。真実を言って喜ばれる場合と、嫌われる場合があります。それを考えて、発言しましょう。

これが積み重なると、あなたはよく考えてから発言する人になり、周りからは「あの人は考えて物を言う人だ」と評価されるようになります。このように人格が所作に出て、所作があなたの人格をつくるのです。

■職場のしつらえ

職員個人の服装やマナーでなく、職場のマナーとも言うべきこともあります。机の上や下に書類をたくさん積み上げてある職場。汚いですねえ。その他に気になることとして、職場での傘干しがあります。雨の日に、廊下や執務室の空いた所に、濡れた傘を広げて干してあるのを見掛けます。出勤の際に濡れたので乾かしている、退庁の際には畳んで帰るということでしょう。でも、お客さんが見たらどう思うでしょうか。公私のけじめのない職場と思われるでしょう。

食器棚やごみ箱が入り口に置いてある執務室も、気になります。確かに、そこで仕事をしている職員にとっては重要な道具ですが、入って来たお客さんからすると、「この部屋はなんだ」と思います。

■自分を磨く人間修養道場

相手に好感を持ってもらうことで、仕事が円滑に進み、あなたの評価も高まります。服装、姿勢、あいさつ、行儀に注意しましょう。爽やかさ、清潔さ、落ち着きがポイントです。内面は外面に出ます。その内面は外面がつくります。

職場での辛抱は、あなたの人格を磨く、人間修養道場です。そう思えば、怒鳴る上司は、してはいけないことを教えてくれる良い教科書です。出来の悪い部下は、あなたを磨く練習問題です。そう思って、平常心を保ちましょう。

第18講の教訓

怒鳴る上司は反面教師と心得ましょう。

目は口よりも物を言う。

腹が立ったら鏡を見てみましょう。

人格は、顔や所作に出ます。その人格は、所作がつくります。

第6章

あなたがつくるあなたの人生

清く明るく美しく

今回からは、あなたが仕事をしていく基礎となるもの、すなわち信念と生きざまについて書きます。

職業に貴賤はありません。しかし、生きざまには貴賤があります。それは個別には、あなたの日々の行動が恥ずかしくないかどうかです。そして全体としては、あなたの人生が立派なものかどうかです。

■人生は日々の積み重ね

あなたの人生を充実したものにするためには、まずは、仕事ができる職員になることが必要です。「仕事ができる」とはどういうことか。一つ一つの仕事において、誠実な態度で臨み、優れた判断をし、周りを納得させながら良い成果を生む。それが積み重なると、あなたの仕事ぶりについての評価が固まります。それはまた、あなた自身にとっても、仕事の仕方が固まり、職場での生き方が定まるということです。

そんなあなたを見て、職場や世間から、「あの人はできる職員だ」「あの人は立派な人だ」という評価をもらうことができます。あなたの評価は、ただ一度の成功や失敗だけでは定まりません。日々の積み重ねが、評価されるのです。

あなた自身についてもそうでしょう。いずれ訪れる最期に自分の人生を振り返って、「我が人生に満足した」と言えるかどうか。それは、一つ一つのことに誠実に取り組んで、結果を残すことでたどり着けるものです。お互いそうなりたいものです。

■志を高く持とう

初志を実現するために、そして出世するために、志を高く持って仕事をしましょう。

どのようにしたら、仕事のできる職員になることができるか。本書ではそのために、良い人間関係をつくる方法や良い書類を作る方法など、仕事の要領を教えてきました。

しかし、良い仕事をする基礎にあるのは、あなたの信念です。仕事の技術（テクニックやハウツー）だけでは、良い仕事はできません。

例えば、与えられた仕事を雑に済ませようとする、しんどい仕事から逃げ回る。そのような心構えの人がいくらテクニックを学んでも、良い仕事はできません。周りからの評価も上がりません。上司も部下も、あなたの仕事ぶりや仕事に取り組む態度をよく見ています。そして、神様も見ていますよ。

職場で必要な資質には、仕事の技術と対人関係能力のほかに、人格面も必要だとお教えしましたよね（第14講）。周りの人から慕われ、尊敬される人間性が必要です。日々の所作や仕事ぶりには、あなたの人間性が表れます。志を高く持って、日々の仕事に取り組みましょう。

■清く明るく美しく

職場で楽しく仕事をするこつは、明るさです。とにかく「明るくやろう」。これが、本書を通して皆さんに伝えたい基本です。

私は、毎日の仕事をする際に「清く明るく美しく」を心掛けています。

ご存じの通り、「清く正しく美しく」は、宝塚歌劇団のモットーです。そして、小泉今日子さん（キョンキョン）のヒット曲「なんてったってアイドル」（1985年）の歌詞の一節です。少し古いですかね。

まずは、「清く」です。職場の服務規律や法令を守ることです。これは公務員になった以上、守らなければならない基本です。公金に手を出したり、賄賂をもらったりすると、免職になります。職務外でも、飲酒運転や痴漢などをすると処分を受けます。つまらないことで、人生を棒に振らないでください。

公務員になったことで、大金持ちになることは諦めましょう。あなたの給与は、給与条例と職位とで決まります。「もっと給料が欲しい」と思ったら、昇進してより高い給料をもらうか、サッサと辞めて給料の高い仕事に転職することをお勧めします。

次の「明るく」は、お分かりですね。繰り返しません。

そして「美しく」は、あなたを良く見せるために、立ち居振る舞いを美しくすることです。

「清く明るく美しく」が、職場で仕事をする際の基本です。座右の銘にしては「えらく軽いなあ」と、思われる人もいるでしょう。でも、このような言葉は、簡潔な方が良いのです。項目が多かったり、難しい言葉だと覚えられません。

キョンキョンの歌を知っている人は、あのメロディーに乗せて「清く明るく美し〜く〜」と小声で歌ってみましょう。すると、すぐに覚えられるでしょう。実践できるでしょう。私はこの歌の全体を覚えていないので、この部分だけ繰り返します。

■ペンキ塗りは楽しい

志を高く持って毎日の仕事に臨む。書けば簡単ですが、その気持ちを持ち続けるのは、難しいことです。あなたに与えられる仕事は、楽な仕事や楽しい仕事ばかりではありません。時には、気持ちが滅入ることや仕事に意欲が湧かないこともあるでしょう。それを防ぐ予防薬が「清く明るく美しく」です。この呪文を唱えつつ仕事をしていると、気持ちが安らぎます。

楽しみながら給料をもらえる仕事は、そうはありません。好きな趣味ならば、スポーツでも園芸でも、熱中して時間がたつのを忘れるほどです。そのために、たくさんのお金をつぎ込むこともあります。なのに、同じ内容のことでも仕事となると、そこまで熱中できないことが多いですね。趣味ならお金を払って楽しくできて、仕事ならお金をもらっても楽しくない。不思議だと思いませんか。

逆に考えてみると、その仕事を好きになることが、「楽しみながら仕事をする」方法になります。

『トム・ソーヤの冒険』（マーク・トウェイン作）は、皆さんも読んだことがあるでしょう。トムは、いたずらをした罰に、塀のペンキ塗りを言い付けられます。嫌な仕事なので、渋々ペンキ塗りを始めるのですが、良いアイデアを思い付きます。そして突然、熱心にペンキを塗り出します。通り掛かった友達に、いかにも楽しい仕事であるかのように振る舞います。それを見て、友達が「やらせてくれ」と頼みますが、トムはもったいをつけて、おもちゃやお菓子と交換にやらせるのです。

この話は、しんどい仕事を楽しくやることの重要性を教えてくれます。そして自分が楽しそうに仕事をすれば、周りもそう思うようになるのです。トムのように、友達をだます必要はありません。どんな仕事でも、楽しいと思ってやりましょう。必ず良いことが起きるでしょう。

しんどい仕事を嫌がらず、きちんとやっているあなたを見れば、みんなは評価し、応援してくれます。そうすれば、本当に楽しい仕事になるかもしれません。

■好きこそものの上手なれ

楽しい趣味だって、いつも楽しいことばかりではありません。マラソンにしろ球技にしろ、練習中には苦しいこともあるでしょう。山登りもそうです。しかし、その目標を達成したときの喜びが、何物にも代えられないのです。

仕事も同様です。一つひとつの作業を見れば、楽しいものばかりではありません。しかし、達成したときの満足感がうれしいのです。そして達成感は、苦労の度合いに比例します。低い山に登っても、簡単な仕事を片付けても、喜びは大きくないでしょう。

あなたの仕事や職場を、好きになりましょう。「私がやらなきゃ、誰がやる」という気概で、どんな仕事にも積極的に取り組みましょう。他人に言われてやるから、嫌になるのです。あなたがその仕事や職場を仕切ることで、仕事が楽しくなります。もちろん責任も生じますが、それも達成感につながる一つの要素になります。好きだと思うことで仕事がはかどり、仕事の仕方も上達します。

「好きこそものの上手なれ」です。

しかし、どうしても前向きに取り組むことができない仕事も、あるかもしれません。その場合は、なおのこと早く片付けて、別の仕事に取り組みましょう。手を付けずにおいて先延ばしにしたり、中途半端にしておいたりすると、精神衛生面でもよくありません。難しい仕事でも、先輩なり頼りになる人なりに相談して、さっさと片付けましょう。

第19講の教訓

人生は日々の積み重ねです。一つひとつの行動と仕事を大切にしましょう。

あなたの人格は仕事に出ます。志を高く持って仕事をしましょう。

好きこそものの上手なれ。仕事や職場を好きになりましょう。

清く明るく美しく。それを常に心掛けて、出世しましょう。

習慣は変えることができる

あなたの人生には、誘惑も待っています。落とし穴もあります。今回は、その対策について述べましょう。

■誘惑に負けるな

公務員が処分される事由には、次のようなものがあります。

職場の仕事ぶりに関しては、真面目に仕事をしないこと（欠勤、勤務態度の不良、秘密を漏らすことなど）、公金の取り扱い（横領、紛失など）、収賄や供応があります。

仕事外では、自動車運転関係（飲酒運転、交通事故など）、非行（窃盗、暴行、痴漢など）があります。詳しくは、人事院や人事委員会のホームページを見てください。

公務員が事件や事故を起こすと、ニュースになり、新聞に載ります。飲酒運転、汚職、痴漢などが紙面を賑わせます。残念なことですが、いつになってもなくなりません。職場で真面目に働かなければならないことと、社会人としてやってはいけないこと（犯罪）については、ここで解説する必要はないでしょう。

注意しなければならないのは、公務員に特に課された倫理です。国家公務員にあっては、国家公務員倫理法があります。この法律はまだ新しく、1999年に定められた法律です。1990年代に起きた、過剰な接待事件がきっかけになって、作られました。民間企業から、金品や度を超した飲食の接待を受け、許認可で手心を加えたことが大きな社会問題となったのです。関係者の処分だけにとどまらず、逮捕者や自殺者も出ました。

法律の内容について知らない人がいたら、国家公務員倫理審査会のホームページを見てください。要点は、利害関係者から金品をもらったり、接待を受けたりすることが禁止されていることです。補助金を配ったり許認可をする相手から、物をもらったり、一緒に酒を飲んだりゴルフをしたりしてはいけないのです。これは、国家公務員についての法律ですが、地方自治体でも同様の条例が定められています。

汚職のきっかけも、最初は業者と食事をしたら相手が払ってくれたとか、ギャンブルや異性との交遊にのめり込んでお金が必要になったとかです。このような事件が昔からあって、今もなくならないのは、これらが人間にもともと備わった欲望の一つだからです。しかし、その欲望や誘惑に負けてはいけません。

「ちょっとだけ」「これくらいなら、ばれないだろう」と思うのは危険です。一時の気の緩みで、一生を棒に振るのはやめましょう。あなただけでなく、家族もつらい思いをします。常に「清く明るく美しく」を、心に持ち続けましょう。

■お酒は職場の潤滑油

「清く明るく美しく」を心掛けていても、いつも順調に仕事が進むわけではありません。あなたの前には、誘惑や失敗が待ち構えています。まず、お酒についてです。

職場では、歓送迎会や一つの仕事が終わった際に打ち上げ会などが開かれます。そのような節目でなくても、上司や同僚から「今晩、一杯どう?」といったお誘いがあるでしょう。

職場の人間関係を円滑にする手段として、飲食を共にすることはよく行われます。また、職場外の仕事の関係者との付き合いもあります。懇親会は、昼の職場では言いにくいことも言ったり聞いたりできるので、職場の潤滑油として大きな効果があります。部外の人とも親しくなることができる良い機会です。

私は採用されたときに、先輩から「お酒を飲むのも仕事のうち。それによって職場の仕事も進むし、議員さんや関係者にも好かれる」と教育を受けました。自治官僚として、赴任先で訓練を重ね、それを実行しました。確かに、飲むことで人間関係ができました。先輩たちから武勇伝や失敗談を聞くことは、勉強になりました。仕事の仕方についても、教えてもらいました。

「飲まなくても、おつきあいできるでしょ」と言われると、「はいその通り」です。しかしフランスには、「食事と一緒に水を飲むのは、カエルとアメリカ人だけである」ということわざもあります。問題は、程度を超えた深酒です。

■お酒の失敗

お酒は気分を楽しくしてくれますが、その副作用として、飲むほどに気分が高揚し（ハイになり）、元気が出過ぎるのです。そして止まらなくなります。漫画「サザエさん」のマスオさんとアナゴさんも、飲めば必ず失敗をしています。

私も嫌いではないので、若いときからよく飲みました。忙しいときでも、夜遅くから同僚や部下と出掛け、深夜早朝まで飲むこともありました。ただし、「どんなに飲んでも、飲んだ翌日は這ってでも出勤しろ」と先輩に言われたので、痛い頭を抱えて出勤しました。

今にして思うと、長々と飲み続けて、何をしゃべっていたのでしょうね。議論しているうちに話が発展し、「すばらしいアイデア」を見つけます。しかし、翌日は覚えていないし、思い出すと恥ずかしいようなことばかりです。「酒は適度に飲めばよい」といいますが、多くの飲兵衛にとって「適度」はなく、「飲み足りない」か「飲み過ぎ」しかないようです。

懇親会の目的は、人と会って話をする、話を聞くことのはずです。お酒が入ると、それを忘れるのです。ある年齢になってそれに気付き、途中で切り上げることができるようになりました。8時半には必ず席を立つと決めています。飲み続けている人たちを残して、「お先に」と言って帰宅します。

お酒に関して助言するなら、次のようなことでしょうか。

懇親会は意義があります。部外の人や異業種の方との意見交換会は有用です。部下や同僚の悩みを聞いたり、仕事場では聞けない話を聞いたりする。その際のお酒は、潤滑油です。ただし、お酒に飲まれてはいけません。適度な量と時間で、打ち切りましょう。「まだ飲み足りない」という頃が、引き際です。

■病気とけが

真面目に仕事をし、勉強もする。しかし、あなたの人生が、常に順風満帆というわけにはいきません。病気になったり、けがをしたりすることもあるでしょう。事故に巻き込まれることもあります。

日ごろから、不摂生には気を付けましょう。また、疲れたときに、無理をしてはいけません。若いときは少々の無理は利きますが、年を取るとそうはいきません。私は体調不良、例えば風邪を引いたかなと感じたときは、おいしい物を食べて、風呂に入ってさっさと寝ることで、早めに回復するように心掛けています。

健康を害するものには、体だけでなく心の病気もあります。仕事では「清く明るく美し～く～」と口ずさんで、仕事を片付けることが予防薬です。嫌な仕事が回ってきたら、「俺がやらなきゃ誰がやる」「私より上手にやれる奴はいない」と自分に言い聞かせ、「頭は下げるもの、口はお詫びをするもの」と言って出掛けます。しんどい仕事のときほど、明るく振る舞いましょう。気が滅入ったら、精神衛生によくありません。悩み込むことがあったら、一人で悩まずに、誰かに相談しましょう。

それでも病気になったり事故に遭ったりしたら。そのときは、無理をして職場復帰を急がずに、ゆっくり休んで健康の回復に努めましょう。人生は長いのです。焦ってはいけません。

私は、子どもの頃はひ弱でした。神経質で、しょっちゅう熱を出す子どもだったそうです。今の私しか知らない人には、信じてもらえませんが(笑)。小学2年生と大学

4年生のときに、大病をしました。国家公務員試験の日には、病院に入院していました。それでも公務員になりたくて、大学は5年行きました。ゆっくりと養生したことで、全快しました。

それもあって、その後は気を付けて（お酒を除く）、健康を保ちました。年に必ず2回は健康診断を受け、健康状態を確認しました。単身赴任したときは、県庁の保健師さんの指導を受け、食事内容にも気を配りました。東京では、妻のキョーコさんの監視下に置かれ、毎日、お昼の弁当を持たされています。中身は野菜中心で、食べてもすぐにお腹がすくようなものです。しかし、夜の懇談会の料理とお酒を考えると、仕方ありません。そのおかげで、社会人になってからは、大きな病気をしたことがありません。

■習慣は変えることができる

「心が変われば行動が変わる。行動が変われば習慣が変わる。習慣が変われば人格が変わる。人格が変われば運命が変わる」。米国の哲学者、ウィリアム・ジェームズの言葉だそうです。

人は初めから、統一された哲学や信念を持って、それに従って行動や決断をしているのではありません。日々の行動の積み重ねが、その人の信条体系をつくり上げます。ニコニコしてあいさつをする、仕事に誠実に取り組む、人の話を聞く。それぞれ、ちょっとしたことの積み重ねです。習慣になれば、無意識のうちにできるようになります。それがあなたの性格になり、信条になります。周りの人は、その所作や行動を見てあなたを評価します。

性格や癖は、変えることができます。私も、自分の性格や行動を、幾つか変えることに成功しました。本書でも紹介したように、人にお礼を言う、ごみを見つけたら拾う、お客さんはエレベーターホールまで送って行くなどは、仕事場で気が付いて実践しているうちに身に付きました。

職員に対して怒らないことも、30代半ばに気が付いて、実行するようにしました。それまでは、部下に対し厳しい職員でした。それが良い仕事の成果につながると思っていたのです。職員が、キョーコさんに「全勝課長は厳しいんですわ」とぼやいたほどです。職場を明るくするように心掛けていましたが、部下に求める水準が高く、その言い方が厳しかったようです。今も「仕事に厳しい」と言われますが、指示の出し方や言い方に注意し、努めてニコニコしているつもりです。

■やればできた

また、若いときは、早起きが苦手でした。大臣秘書官を経験してから、早起きは苦にならなくなりました。総理秘書官になって、ますます磨きが掛かりました。東日本大震災被災者生活支援本部では、朝早く出勤して職員たちが来るまでに指示書を書きました。出勤した職員がそれを見てすぐ作業を始め、仕事が早く進むようにです。

復興庁統括官や事務次官のときも、午前8時過ぎには出勤して（霞が関の標準始業時刻は9時半です）、職員たちが来る前に、仕事を整理していました。日中は、職員が入れ替わり立ち替わり報告や相談に来るので、一人で考える時間はここしかないのです。そして朝は頭もさえて、仕事がはかどります。その代わり、午後5時15分にはよほどのことがない限り、退庁して異業種交流会（という名の飲み会）に出掛けます。

若いときは、職場の上司や先輩を見て、あのようになりたいと思いました。大臣や総理大臣にお仕えして、このような地位にある人は、このように振る舞うのかと勉強しました。他方で、上司だけでなく部下からも、欠点を指摘されることがありました。反発もしましたが、思い当たる節があり、直すように心掛けました。職場でのこのような経験と、自らの振る舞いや性格を修正しなかったら、今の私はなかったでしょう。厳しいことを言ってくださった方々に感謝します。

あなたの習慣や性格も、努力によって変えることができます。

■仕事が顔をつくる

アメリカのリンカーン大統領の言葉に、「40歳を過ぎたら自分の顔に責任を持て」というのがあります。あなたも聞いたことがあるでしょう。

ある人が「この人物を閣僚にしたらどうか」と推薦してきたとき、リンカーンは「顔が気に入らない」と断ります。推薦した人は「顔は生まれつきのものだから、本人に責任はない」と反論しました。それに対してリンカーンは、「40歳を過ぎたら自分の顔に責任を持て」と語ったとのことです。
Every man over forty is responsible for his face.
中年になったら、その人の経験や人柄が顔に表れるという意味ですが、それほどに、顔はあなたを映し出すのです。
顔のつくり、ハンサムか美人かは、持って生まれたものです。仕方ありません。しかし、ハンサムや美人ということと、仕事ができる顔つきとは、別のものです。その顔は、仕事でつくられるものであり、あなたがつくるものです。

第20講の教訓

誘惑に負けてはいけません。
お酒は職場の潤滑油。ただし、飲み過ぎないように。
習慣は変えることができます。

公務員は天職だ

あなたは、「地域を良くしたい」「住民の役に立ちたい」「日本を良くしたい」といった理想を持って、公務員になったはずです。その理想を、どのようにして実現するのか。毎日を無為に過ごし、酔生夢死のように暮らしていては、実現できるものではありません。職場では、逆転満塁ホームランはありません。あなた自身が日々努力をすることで、良い成果が生まれるのです。

あなたの仕事ぶりもあなたの生き様も、それを作るのは、毎日の一つ一つの行動の積み重ねです。

■出世しよう

就職したからには、出世しましょう。本書を読んでいる人なら、出世しようと思っているでしょう。そして、ここに書いたことを実践すれば、間違いなく出世するはずです。

職場で出世することだけが、人生の主たる目的ではありません。しかし、出世して上位の役職に就いてこそ、あなたが考えていることや理想を実現することができます。

時には、希望した職場に配属されず、思ったような職位に就けないこともあります。昇進について、同僚や後輩に先を越されることがあるかもしれません。そのようなときに、どのような振る舞いをするか。すねたりぐれたりすると、あなたの評価をさらに下げるだけでなく、あなた自身、これまでの人生が惨めに見えてしまいます。

得意淡然、失意泰然。難しいことですが、気を取り直して、もう一度頑張ってみましょう。職場の評価は、一発勝負ではありません。再挑戦の機会があります。1年後2年後の人事評価の際に、「あいつは意外とできるじゃないか」「仕事ぶりが良くなったな」「前回の評価は間違っていたんじゃないか」と、上司や周囲の人に言わせてみましょう。

暗くなって、落ち込むのは駄目ですよ。そんなときこそ、明るく振る舞いましょう。

■鏡に映った自分を見る

あなたの仕事ぶりが評価されると、昇進して出世することにつながるはずです。ただし、仕事ができるのに、出世しないこともあります。幹部になってポストが少なくなると、運によるところも出てきます。しかし、そこに至るまでに昇進しない場合は、どこかに問題があるのです。

そんなとき、あなたは、「上司がえこひいきしている」と思いたいでしょう。そのような場合があることは、否定できません。上司も人の子ですから、神様のように公平無私ではありません。それが分かっているなら、上司に気に入られるようにしましょう。もちろん、自らの信念を曲げてまで、こびへつらうことはありません。そのような行為は、あなた自身を傷つけることになります。

しかし、ひょっとしたら、あなたが思っているほど、あなたの仕事ぶりは良くないのかもしれません。人は、自分のことは見えないものです。自分のことは5割増しに評価し、他人を3割引きで評価するものです。すべからく人は「天動説」です。自分が正しく、周りが間違っているように考えます。

自分の欠点は、見えないものです。どうしたら、自分の欠点が見えるか。外見は、鏡に映せば見えます。性格や仕事ぶりは、鏡には映りません。この場合は、他人に指摘してもらうことが「鏡」になります。

あなたの性格は、夫や妻が意見してくれるでしょう。仕事ぶりは、上司や同僚の指摘に耳を傾けることです。時には、耳の痛い指摘もあるでしょう。しかし、それが重要なのです。おべんちゃらは耳に心地よいですが、意味がありません。良薬は口に苦いのです。あなたに嫌なことを言ってくれる先輩や友人を持つことが、効果的な鏡になります。

すると、他人の話を聞くことと、他人があなたに意見を言おうという気持ちになるように振る舞うことが重要になります。人の上に立つ人は、聞き上手が多いと思いませんか。

■努力と誠実

目標は人それぞれに違っても、人生に満足するために必要なことには、共通することがあります。まずは、目標に向かって努力することです。

そして、仕事や人生で満足するには、二つの場合があります。結果に満足するか、過程に満足するかです。

良い結果が出れば、それはうれしいことです。受験にしろ一つひとつの仕事にしろ、結果良ければすべて良しです。しかし、努力しないで転がり込んでくる成功は、幸運であっても、満足感にはつながりません。

過程で満足を得るには、努力することが不可欠です。「できる限りのことはやった」という満足感です。その結果には、時には不運もあります。ライバルの方が運が良かったとか。しかし、たとえその結果が不成功でも、やることをやった満足感がありま す。自分だけでなく、神様の前でも胸を張ることができます。

低い目標なら、大きな努力をしなくても実現します。高い目標は、大きな努力が必要です。喜びは、大きな努力をして、高い目標を実現したときの方が大きいです。

高い目標を持って、一所懸命努力する。人事を尽くして、天命を待つ。そして良い結果が出れば最高ですね。

人生に満足するためには、努力だけでなく、もう一つ必要なことがあります。誠実であることです。人をだまして成功しても、完全な満足は得ることはできないでしょう。あなた自身にとっても、神様の前でも、満足できるものではありません。

うまく行かなかったときに、あれこれ言い訳するのは見苦しいです。それは、あなたが自らの努力不足を自覚しているからでしょう。「勝ちに不思議の勝ちあり。負けに不思議の負けなし」（平戸藩主、松浦静山の言葉）です。失敗には必ず理由があります。うまくいかなかったとき、自分の努力不足を言い訳するのではなく、できるだけの努力をしましょう。人格は、あなたの立ち居振る舞いに現れます。化粧美人でなく、内面からの美人でありたいものです。

これらの人生哲学を守るのが難しいときは、監視の目を意識しましょう。一つは世間の目です。もう一つは、神様の目です。神様の目は、宗教を持っている人の場合はそれぞれが信じる神様なり仏様です。宗教を持たない人にとっては、あなた自身の内心、良心です。自分の斜め後ろにもう一人のあなたを立てて、自分の行動を監視しましょう。

■人生の目標

人生の目標は、自己実現です。私は、そう考えています。

自己実現とは、それぞれの個人が持っている能力や個性を伸ばし、それを実現させていこうとするものです。自分の中に隠れている可能性を開発し実現することが、人生だという考え方です。しかし自己実現の方向は、初めから定まっているものではありません。ぼんやりと持っている夢や目標に向かって、努力している過程で見いだし、定めるものです。

時には挫折し、目標を変えることもあります。サッカー選手を目指して練習したけれどプロの選手にはなれなかったとか、目指す職種や企業に就職できなかったとか…。しかしその場合でも、次の目標を見つけ、それに向かって努力しなければなりません。人生とは、そのようなものです。

すると、何が自己実現になるかは、多くの場合は、人生の終盤にならないとわからないのです。

■評価者はあなた

あなたの人生の目標を定め、計画を作る立案者はあなたです。それを実行するのもあなたです。そして、周りの人もあなたを評価してくれますが、最後にあなたの人生を評価するのもあなたです。

「天網恢恢疎にして漏らさず」という言葉があります。父は小学生の私に、しばしば難しい故事成句や漢語を話しました。その一つに、この言葉がありました。当時は意味はよく分からないままに、頭に残りました。その後、この言葉の意味は学習しましたが、社会人になって、この言葉が使われる場面に、幾つか違った局面があることに気づきました。

一つは、泥棒が結局は捕まるという、勧善懲悪の場面です。神様は見ているのです。これが原義です。もう一つは、がんばっている職員が報われず、うまく立ち回っている他の同僚が出世する局面です。この場合は、「神様、真実を見てください」という願望になります。

私は、「最後は、神様が見ていてくださる」と思っています。もちろん、職場でも社会でも、正当に評価してもらえるとうれしいです。しかし、努力が報われないとき、評価されないときもあります。そのときは、自分自身と神様に評価してもらいましょう。あわせて、家族が評価してくれると、うれしいですよね。

「自分で自分を褒めてやりたい」と、言えるかどうか。そして、棺桶に入ったときに、神様と閻魔様に対して、「私は、正しいと思う道を選び、進みました」と申告できるかどうか。

悔いのない人生を送るために、誠実に生き、努力を続けましょう。

■公務員は天職だ

役所や公務員に対する世間の風当たりには、厳しいものがあります。

しかし、行政はなくてはならない重要な仕事です。安心して暮らせる町になるか、活力のある町になるか。それは、自治体の仕事にかかっています。そして自治体の仕事は、大幅に増えました。子育て支援、介護保険、環境保護、地域振興、防災対策、まちおこしと、かつては考えられないほどの仕事を担っています。それだけ、自治体と地方公務員への期待は高まっているのです。役所に対する批判は、期待の裏返しです。

多くの公務員が、地域で発生する新たな課題や、持ち込まれる問題を解決するため、悪戦苦闘しています。窓口サービスも格段によくなりました。残念ながら、このような努力や変化は、社会ではまだ認識されていないところがあります。社会にも住民にも、私たちの仕事ぶりを評価してもらえるように、努力し成果を出さなければなりません。

行政は、日本や地域をよくするために、また、国民や住民の悩みに答えるために、重要な仕事です。もちろん、民間の産業や商業も、私たちの暮らしには欠かせない重要なものです。しかし、あなたの携わっている仕事は、地域の公を担う崇高な仕事です。民間は「私」と呼ばれ、私たち行政の仕事は「公」と呼ばれます。あなたの仕事が困っている家族を救い、住民の日々の暮らしを安心なものにします。

あなたは、公務員という職業を選びました。そして、あなたの努力によって、あなたの町が住みよい町になるのです。これほど、やりがいのある仕事はありません。誇りを持って仕事をしましょう。

公務員は天職です。

さあ、明るく仕事をして、よい成果を出し、住みよい町をつくりましょう。

第21講の教訓

人生の満足は、結果とともに努力することによって得ることができます。誠実に努力を続けましょう。

人生は自己実現です。あなたの能力と個性を伸ばしましょう。

あなたの人生を評価するのは、あなた自身です。

私たち行政の仕事は、公を支える崇高な仕事です。誇りを持って、仕事をしましょう。

本書のまとめ

1　楽しく仕事をして出世するこつは、明るさです。

・挨拶と返事を忘れずに。

・一人で悩まず、相談しましょう。

・しなければならない仕事を書き出し、工程表を作りましょう。

2　説明は、唾を飛ばすより紙で。

・説明する概要を、一枚の趣旨紙にまとめます。

・結論から書きます。

・文章は短く、一つの文章には一つの内容を。

3　服装と振る舞いが、あなたをつくります。

・良い服装で、あなたを売りましょう。

・毎日の所作が、あなたの人格をつくります。

・清く明るく美しく。

あとがき

お読みになった感想は、いかがだったでしょうか。くすっと笑いながら、なるほどなあと思って読むことができたのではないでしょうか。

この本では、楽しく仕事をして良い成果を出すこつ、説明の仕方、資料の作り方と整理の仕方、あなたをよく見せる服装と振る舞いの術をお教えしました。

ここに書いたことは、とても簡単なことばかりです。本屋に並んでいる、抽象的な心構えの本でもなく、ビジネススキルのノウハウ本でもありません。それらの基礎となる、仕事のイロハです。しかし、若いうちは、それがわからず悩むのです。

なるべくわかりやすくするために、私の体験や失敗を踏まえた具体例を基に、お話ししました。誰でも、実践することができます。

「勉強になった」という人は、それで満足せずに、実践してください。

「すでに知っていることだ」という人は、自信を持って仕事を続けてください。

私は三つの県庁に出向し、事務員、課長、部長を経験しました。国では、事務官から始まり、課長補佐、課長、審議官、統括官（局長）、事務次官を経験しました。平職員として「上司はどうしたら、部下から嫌われるか」といった実例を見て勉強し、他方で管理職として、よくできる職員と困った職員の両方を使いました。

毎年処理している定例業務から、日本で初めての仕事も経験しました。国と県とで、幾つも違った組織を比較することができました。総理大臣秘書官として官邸から霞が関を見たり、復興庁で各省からの混成部隊を率いるといった経験もしました。公務員として、年齢と職位で皆さんより少し先を歩みました。そしてたぶん、皆さんより幅広い経験をしました。

その間、行政のプロフェッショナルを目指して、組織はどうしたら良い成果を出せるか、そのためにはどのように上司に仕え、どのように部下を育て動かしたらよいかを、考えてきました。こうして身に付けたノウハウを、公開しました。

私の経験を参考にして、あるいは反面教師にして、あなたはそれを乗り越えていってください。ここに書いたのは、いわば「初級編」です。あなたの仕事の能力を磨く術については、「中級編」でお教えしましょう。

公務員は、公を支える崇高な仕事です。とてもやりがいがある仕事です。明るく仕事をして、明るいまちをつくりましょう。

平成29年2月

岡本全勝

本書は時事通信社『地方行政』の連載を元に加筆修正の上、再構成してまとめたものです。

【著者紹介】
岡本 全勝（おかもと・まさかつ）

1955年、奈良県生まれ。東京大学法学部卒。自治省入省。富山県総務部長、総務省交付税課長、内閣総理大臣秘書官、自治大学校長、東京大学大学院客員教授、復興庁事務次官、内閣官房参与などを経て、現在、市町村職員中央研修所学長。

主な著作に『明るい公務員講座 管理職のオキテ』（2019年、時事通信社）『明るい公務員講座 仕事の達人編』（2018年、同）、『東日本大震災 復興が日本を変える―行政・企業・NPOの未来のかたち』（2016年、ぎょうせい）など。

日々の活動をウェブサイト「岡本全勝のページ」（https://zenshow.net/）に掲載中。

明《あか》るい公務員講座《こうむいんこうざ》

2017年３月１日　初版発行
2024年12月７日　第８刷発行

著　者：岡本全勝
発行者：花野井 道郎
発行所：株式会社時事通信出版局
発　売：株式会社時事通信社
〒104-8178　東京都中央区銀座5-15-8
電話03（5565）2155　https://bookpub.jiji.com

印刷／製本　太平印刷社

ISBN978-4-7887-1493-9 C0031 Printed in Japan

時事通信社・刊

明るい公務員講座
仕事の達人編

岡本全勝 著

伝授！全勝流「働き方改革」!!

「3人寄れば文殊の知恵」だが、
10人集まると無責任の塊。
役所の魔法の言葉「前例通りに前回通り、
去年通りに今まで通り」。
・・・でよいのか？

「できる職員」の秘訣とは何か。
上司は何を考えているかを「思考実験する」。
法令で決められた仕事をこなすだけでなく、
法令に書かれていない課題を考え、解決する。
仕事の生産性を意識する。
資料づくりに凝りすぎない。
・・・さらに一歩上を行く仕事術をお教えします。

好評第2弾！

◆四六判 一一二頁
本体一五〇〇円＋税